INTELLIGENCE ÉCONOMIQUE, ENTREPRISES ET TERRITOIRES

5-7, rue de l'École-polytechnique ; 75005 Paris

http://www.librairieharmattan.com
diffusion.harmattan@wanadoo.fr
harmattan1@wanadoo.fr

ISBN : 978-2-343-01058-8
EAN : 9782343010588

Sous la direction de
Mohamed BOUSSETTA et Jean-Louis MONINO

INTELLIGENCE ÉCONOMIQUE, ENTREPRISES ET TERRITOIRES

L'Harmattan

Marché et Organisations

Cahiers d'économie et de gestion thématiques dont le but est de promouvoir la recherche originale sur les relations de plus en plus étroites qui se tissent entre le marché et les organisations. Les acteurs économiques de taille, de puissance et de pouvoir différents dont les intérêts peuvent être convergents, complémentaires ou, le plus souvent, antagoniques, ont tendance à organiser les marchés. La raison du marché, pourtant, est la référence stratégique pour l'entreprise ainsi que pour les institutions publiques de décision économique.
Marché et Organisations questionne l'actualité entrepreneuriale et révèle les liaisons intertemporelles qui font évoluer la formation économique.

Les articles proposés :
– 45000-50000 signes, espaces, notes, bibliographie, tableaux, figures et annexes compris,
– soumis par email à : Dimitri Uzunidis et Maria Lorek, uzunidis@univ-littoral.fr, maria_lorek@yahoo.fr
Sont acceptés pour évaluation des articles mono ou multidisciplinaires… Economie, Gestion, mais aussi Droit, Sociologie, Histoire selon le thème du Cahier.

Marché et Organisations est une publication sous la responsabilité éditoriale du Réseau de Recherche sur l'Innovation : http://2ri.eu

Sommaire

INTRODUCTION GENERALE

Mohamed BOUSSETTA
Doyen de la faculté des Sciences Juridiques,
Economiques et Sociales
Université Ibn Tofail – Kenitra

Jean-Louis MONINO
MCU-HDR- Université Montpellier Sud de France
Directeur Laboratoire Traitement et Recherche
Sur l'Information et la Statistique -TRIS-

Au cours de ces dernières années les travaux de recherche se sont de plus en plus orientés vers l'étude de certains facteurs immatériels de la compétitivité, notamment, l'information et l'intelligence économique. Pour se tenir au fait des changements, et afin de contribuer aux débats et aux pratiques dans ce domaine, plusieurs travaux seront menés afin d'analyser les rapports entre l'information, la compétitivité de l'entreprise et l'attractivité des territoires. Sur le plan stratégique, la gestion de l'information économique est devenue, l'un des moteurs essentiels de la performance globale des agents économiques.

En effet, le processus de mondialisation des marchés contraint ces agents à s'adapter aux nouveaux équilibres qui s'établissent entre concurrence et coopération. Aujourd'hui, la conduite des stratégies industrielles repose largement sur leur capacité à établir des systèmes d'information à orientation externe, afin d'accéder aux informations stratégiques pour mieux anticiper les marchés à venir et les stratégies des concurrents. Pour développer des « systèmes d'intelligence économique », qui permettront aux entreprises nationales, collectivités locales, et à tout acteur de devenir compétitif, l'analyse comparée de la pratique de l'intelligence économique dans les économies les plus compétitives devient une nécessité.

L'importance croissante de l'innovation, l'omniprésence des technologies de l'information et de la communication, la primauté d'une économie de services, ont imposé en quelques années un nouveau moteur déterminant de la croissance : celle de l'immatériel. A côté des richesses concrètes que sont l'industrie manufacturière et le capital matériel, l'économie de l'immatériel, richesse abstraite, est une nouvelle composante d'un monde économique qui a changé. Elle se fonde sur de nouvelles matières premières : le savoir, les connaissances, la créativité, l'imagination et les technologies de l'information.

On suppose et on espère que dans cet espace se situe une forte source de croissance créatrice de richesses et d'emplois. Cette économie du savoir repose sur la créativité, à la fois individuelle et collective, où la matière grise est l'un des principaux déterminants. Ces richesses nécessitent encore plus de maîtriser l'information utile permettant d'agir dans son environnement économique, d'assurer la protection du patrimoine et des savoir-faire, afin d'en tirer un avantage concurrentiel. C'est dans ce cadre que s'inscrit l'intelligence économique que les experts l'ont défini comme : « la maîtrise et la protection de l'information stratégique pour tous les acteurs économiques ».

La réussite et le niveau de performance de l'intelligence économique reposent sur la capacité de recueillir, de sélectionner et d'analyser des données pour une utilisation dans le processus de décision. Aujourd'hui, chaque individu crée, consomme, utilise de l'information numérique. La problématique de sa sécurité, qu'elle soit publique et sans notion de confidentialité ou bien privée et confidentielle, la problématique de sa sécurité, se toujours défini en matière :

- d'archivage et de gestion de l'ensemble des données numériques ;
- de protection des informations récoltées, et de sécuriser les échanger avec les personnes concernées. Ces différentes étapes sont impliquées dans le processus d'intelligence économique.

Le dispositif doit être en mesure d'apporter les éléments d'appréciation qui vont orienter, permettre d'anticiper et rendre plus efficace la prise de décision ou le projet envisagé. Les services de l'État, conscient de l'importance de l'approche de l'intelligence économique dans la compétition mondiale, s'impliquent directement pour ouvrir la voie, aider les entreprises, en contribuant à l'accélération et les mises en œuvre des pratiques de cette approche. C'est dorénavant une politique publique. Les établissements d'enseignement doivent participer également à former les jeunes, mais aussi les moins jeunes, à ce nouvel environnement.

Les enjeux de l'intelligence économique s'imposent à tous les acteurs voulant améliorer leur niveau de performance sur le marché mondial. Sa pratique est devenue une obligation pour ne pas subir, en garantissant son patrimoine économique, et pour apprendre à anticiper en vue de la création de la richesse. Pour ce faire, il faut connaitre les solutions sécurisées disponibles qui permettent : de stocker, d'échanger, de partager, de sauvegarder et de gérer cette information tout en ne négligeant en compte pas, et surtout de prendre les aspects légaux et organisationnels.

Les moyens publics (financiers, humains, logistiques) mobilisés dans le cadre du soutien des projets innovants, doivent être orientés plus particulièrement, vers les phases ciblées du processus, et leurs effets doivent pouvoir être appréciés en retour. Ces deux impératifs se conjuguent pour construire les bases d'une politique publique efficace de soutien à l'innovation. Ainsi, la complexité du processus (décrite précédemment), et les divers organismes (publics et privés) qui s'y investissent, concourent à limiter la visibilité de l'implication des pouvoirs publics, et surtout celle des retours sur investissements publics (en termes économiques, social ou financier pour les collectivités locales).

Le recueil et le traitement de l'information, concernant les moyens publics mobilisés, l'identification des zones d'intervention dans le processus, et des formes adaptées d'implication, l'appréciation des résultats et de leur impact sur le tissu industriel local, concourent à éclairer l'action publique par la construction d'un certain nombre d'indicateurs. Pour les construire il convient, d'une part, de constituer des bases de données adaptées et d'autre part de mettre en œuvre les outils statistiques permettant de produire les résultats exploitables. La statistique se situe à la base d'un système d'informations économiques et sociales et permet la mise en place des outils de décision pour les pouvoirs publics et les entreprises.

Le processus de mondialisation des marchés contraint les agents économiques à s'adapter aux nouveaux équilibres qui s'établissent entre concurrence et coopération. Désormais, la conduite des stratégies industrielles repose largement sur la capacité des entreprises à accéder aux informations stratégiques pour anticiper les marchés à venir et les stratégies des concurrents. C'est dans ce cadre, que la Faculté des Sciences Juridiques, Economiques et Sociales de Kenitra au Maroc et l'Université Montpellier Sud de France ont organisé conjointement les 1er et 2 Juillet 2011 un colloque international dont le thème « Intelligence économique et attractivité des territoires » a nourri les réflexions d'universitaires, chercheurs, étudiants, hommes politiques, économistes et entrepreneurs des deux rives de la Méditerranée.

C'était la quatrième édition de la rencontre scientifique annuelle qui est devenue une tradition au sein de notre faculté. La première, en 2007, avait pour thème « les pôles de compétitivité et l'attractivité des territoires » ; la suivante, en 2009, était consacrée à la « régionalisation et développement : les expériences marocaines et étrangères », la troisième, en 2010, était axée sur « les politiques et stratégies de sorties de crise ». Notre dernière rencontre fait l'objet de cet ouvrage collectif dans un double objectif : d'une part, de contribuer à faire avancer la recherche dans le domaine stratégique de l'intelligence économique en relation avec l'attractivité des territoires et, d'autre part, de débattre avec un large public.

Ce colloque avait, en effet, pour but de générer un débat sur l'importance de l'intelligence économique comme outil de compréhension et de réorganisation des économies des pays tiers, indispensable à la définition de stratégies industrielles adaptées, réactives et performantes. Cette manifestation scientifique s'est intéressée ainsi, aux instruments et au rôle essentiel que les acteurs peuvent jouer, à la fois, dans le développement du système national d'information et dans la définition des grandes orientations stratégiques du pays, éléments indispensables aux entreprises dans la programmation de leurs stratégies et de leurs prévisions.

C'était aussi l'occasion d'inciter les entreprises marocaines et les régions à travers le Royaume à l'instar d'un certain nombre d'entreprises et de pays étrangers, à prendre des initiatives et à redoubler leurs efforts dans le domaine de l'intelligence économique, en particulier en ce qui concerne les veilles stratégique, concurrentielle et technologique. C'est au regard des expériences étrangères et plus particulièrement françaises et canadiennes, qu'il sera possible de faire apparaître clairement l'ampleur des progrès à réaliser en vue d'atteindre une compétitivité globale. Nous vous proposons un recueil d'articles présentés lors du colloque de Kenitra ; ils abordent tous l'information, la compétitivité de l'entreprise et l'attractivité des territoires.

Le premier article de cet ouvrage est proposé par la présidente de l'Université Montpellier Sud de France, Dominique Deville de Periere, qui a axé son intervention générale sur la question essentielle de l'enjeu de la sécurité de l'information au sein du monde économique. Constituant une fonction stratégique au sein de l'entreprise et ayant pour finalité la compétitivité, l'information qui est au cœur de l'intelligence économique doit être protégée par un arsenal juridique et institutionnel efficace comme c'est le cas notamment en France.

Dans son intervention, Jean Louis Monino, a considéré l'intelligence économique dans son rapport à la gestion territoriale comme la maîtrise et la protection de l'information stratégique pour tout acteur économique en vue de la mise en œuvre de stratégies individuelles et collectives. La communication introductive a parfaitement cadré le débat conceptuel. Le modèle d'intelligence économique stratégique retenu par l'auteur lui a permis de définir la notion d'intelligence économique en ayant recours à trois concepts fondamentaux : Données, Informations, Connaissances.

Cette classification utile et nécessaire a été complétée de manière tout à fait pertinente par la communication de Ghizlane Salam, qui met l'accent sur le rôle de l'intelligence économique en matière d'amélioration du processus décisionnel à travers une parfaite connaissance de la concurrence et du défi technologique. En se référant au concept de « perfection » ou « d'imperfection » de l'information, elle s'intéresse à la question essentielle de la réduction des risques en disposant de cette information tout en la vérifiant et en l'utilisant. Elle suppose que la réussite d'une démarche d'intelligence économique, au sein d'une organisation, est basée sur le partage d'informations qui peut générer des créations collectives de connaissances et de savoir.

Dans son article Mohamed Torra traite de la problématique du territoire comme espace d'attractivité et la déclinaison de l'intelligence économique en intelligence territoriale. Ainsi, la dimension territoriale de l'intelligence économique, qui se développe de plus en plus, a permis la construction de l'intelligence territoriale qui, d'un côté, répond aux nouveaux défis informationnels et, d'un autre côté, permet d'améliorer l'attractivité des territoires.

Lahcen Abdelmalki traite pour sa part dans sa contribution de la marche vers une nouvelle intelligence économique au service du territoire à travers les technologies des réseaux à la lumière de quelques expériences récentes françaises. Dans sa communication, la double facette des NTIC qui sont considérées tantôt comme un vecteur d'ordre et d'autorité, tantôt comme productrices de polarités spatiales et d'inégalités a été mise à nue dans leur rapport avec les territoires.

Zahra Mansouri, quant à elle, aborde l'analyse conceptuelle de l'intelligence économique et de la compétitivité des entreprises avant de faire une étude de leur interaction et plus particulièrement de l'impact direct de l'intelligence économique sur la compétitivité. Dans ce domaine, la difficulté réside moins dans la disponibilité de l'information, que dans sa gestion et sa protection qui constituent d'ailleurs les dimensions principales de tout avantage compétitif dont l'intelligence économique représente l'outil stratégique nécessaire.

Mounia Sliman et Ahmed El Abbassi ont étudié le lien entre l'intelligence économique et la décision d'investissement à travers une évaluation, extrêmement intéressante, des pratiques des entreprises marocaines et canadiennes. S'inscrivant dans une démarche exploratoire, leur article tente d'une part, d'approfondir la compréhension du processus des investissements en intelligence économique et d'autre part, d'explorer la pratique de cette évaluation au niveau d'une grande entreprise marocaine qui a beaucoup investi dans le développement de la fonction d'intelligence économique dans sa structure.

Soulaimane Laghzaoui et Marie-Christine Monnoyer-Longe, ont fait une analyse pertinente des pratiques en matière de veille stratégique des PME exportatrices canadiennes tout en les liant au niveau de leur engagement à l'international. Cette contribution, qui a largement confirmé le rôle fondamental du dirigeant dans toute PME, a permis de démontrer la relation importante et directe entre le développement des activités à l'international et la pratique de la veille stratégique dans les PME soulignent ainsi, et fort justement, les relations existantes entre la mondialisation et intelligence économique.

Enfin, Soraya Sedkaoui et Jean Louis Monino vont mettre le point sur la place des technologies de l'information et de la communication (TIC) en tant qu'un vecteur déterminant et un outil indispensable pour la démarche d'intelligence économique et celle de la veille concurrentielle.

C'est dans ce cadre de réflexion et d'analyse, que le thème original du colloque a donné lieu à un débat de fond qui a permis le rapprochement des idées et l'insertion de la recherche en matière d'IE dans l'espace entrepreneurial. Ce qui a fait de cette manifestation, une occasion de formulation et de proposition des actions qui doivent être menées pour développer des systèmes de gestion stratégique de l'information économique permettant au Maroc, et aux autres pays, d'appréhender efficacement les opportunités et les risques liés à l'accès à l'information et son utilisation. Il s'agit donc de montrer la nécessité d'une maitrise collective de l'information ouverte par l'ensemble des acteurs économiques.

Nous remercierons pour leur collaboration :

- Evelyne Cave qui a bien voulu relire l'ensemble de l'ouvrage et qui nous a proposé un ensemble de remarques importantes pour la bonne compréhension de tous de cet ouvrage.

- Les chercheurs du laboratoire TRIS qui ont eu la lourde tâche de relire, mettre en forme et de vérifier le document : Abdoulaye Barry, Amokrane Ait Kaddour et Soraya Sedkaoui.

Enfin, ce colloque et cet ouvrage n'auront pas pu voir le jour sans le travail réalisé par l'équipe de chercheurs de la Faculté de Sciences Juridiques, Economiques et Sociales de l'université IBN TOUFAIL de Kenitra (Maroc) : Fatima Zahra Achour, Hindo Baddih, Aziz Bensbahou, Driss Daoui, Souad Guelzim, Zhor Omari Alaoui L, Mohamed Torra.

LES ENJEUX DE LA SECURITE DE L'INFORMATION DANS LE MONDE ECONOMIQUE

Dominique DEVILLE DE PERIERE
Présidente de l'Université Montpellier Sud de France

J'ai choisi d'axer mon propos sur une réflexion autour de ce que l'on peut appeler : les enjeux de sécurité de l'information dans le monde économique. C'est ce que vos étudiants abordent au cours de leurs études sous le vocable « d'intelligence économique ». Ce concept, assez récent, aborde l'exploitation d'informations utiles destinées aux acteurs économiques et présente une fonction stratégique pour les entreprises; sa finalité c'est la compétitivité et la sécurité de l'économie de votre pays.

Pour illustrer mon propos, je reviendrai tout d'abord sur les révélations publiées dans le monde, il y a déjà quelque temps par l'affaire Wikileaks, site web fort connu pour ses révélations de rapports militaires confidentiels du Pentagone. Comme vous le savez, ce site a dévoilé, en 2010, plus de 250 000 télégrammes diplomatiques classés top-secret ou confidentiel-défense. Ceci étant connu, la protection du patrimoine informationnel de vos entreprises se situe bien désormais au cœur de l'intelligence économique. D'ailleurs en France le Conseil National des Ingénieurs et Scientifiques de France (CNISF) a même proposé d'inscrire dans le code pénal et celui du travail le concept de secret économique.

Alors, dans ce contexte, comment gérer l'information au sein de l'entreprise ?

L'information doit être considérée comme un élément de performance dans l'entreprise, elle représente donc un produit de valeurs générées par le partage et l'échange. Mais, nous sommes face à un dilemme car, au-delà de son authenticité, l'information au sein de l'entreprise doit rester à la fois confidentielle et disponible. Ainsi, en fonction de sa valeur, l'information peut devenir sensible voire stratégique, et donc liée à la notion de secret, car elle représente un facteur-clé qui touche l'ensemble de l'économie…

Elle devient alors un patrimoine économique qui doit être protégé et sécurisé dans un contexte actuel qui complexifie sa protection. Et d'ailleurs, on oublie trop souvent que la survie d'une entreprise entière repose sur la confidentialité des milliers d'informations et de données qu'elle génère. En ce sens, les nouvelles technologies ont influencé toutes les pratiques ; d'autant qu'il est de plus en plus difficile de distinguer ce qui doit rester secret de ce qui peut être accessible à tous. Les évolutions technologiques récentes confèrent aux systèmes d'informations un rôle d'infrastructures pour la société, puisque le fonctionnement même de l'État, et donc d'un pays, s'avère tributaire de la disponibilité des infrastructures électroniques qui incluent l'intégrité et l'authenticité des informations comme socle pour l'ensemble des services disponibles.

Il nous faut toutefois garder à l'esprit que, d'une part, même si certaines données sont jugées individuellement peu sensibles, leur agrégation peut donner à leur ensemble une valeur stratégique ou économique très significative; et d'autre part, les quantités phénoménales d'informations traitées par nos systèmes ne permettent plus de se reposer sur les techniques classiques. Ainsi, la disponibilité et la gestion des archives dans le temps, tant pour l'accès à ces données que pour leur contrôle, participent d'évolutions majeures à prendre en compte aux plans technique mais aussi juridiques. À cela, s'ajoute l'évolution des technologies de l'information et de la communication qui a permis de dématérialiser les postes de travail par l'utilisation d'assistants personnels ou de bureaux virtuels exposant ainsi le socle informationnel de la productivité à de nouvelles menaces.

La généralisation d'internet a modifié complètement l'utilisation de l'informatique, et permet ce qu'on appelle désormais le nomadisme, à l'origine de nouveaux risques. En effet, la multiplication des liaisons sans fil(les modems, Wifi, Bluetooth, etc.) amplifie la menace sur la confidentialité des données et modifie la disponibilité des services; évidemment, les terminaux mobiles seront de plus en plus massivement utilisés par les nouvelles générations de cadres et de dirigeants. Le problème soulevé par l'affaire Wikileaks démontre qu'aucune information, aussi secrète soit-elle, n'est totalement protégée. Plus près de nous, on peut citer l'attaque informatique, subie par le ministère des finances français par l'intrusion d'un cheval de Troie logé dans une simple pièce jointe au format PDF : cette attaque a infecté 150 postes du ministère et les conséquences restent à ce jour mal évaluées. L'exemple de l'affaire de Bercy est l'illustration du passage à un autre niveau de gravité : les cyber-attaques dépassent le cadre crapuleux pour, via ce cyber-espionnage, atteindre des motivations et des fins politiques et économiques qui touchent la sphère de la concurrence internationale.

L'explosion des réseaux sociaux représente par là-même un véritable danger pour les entreprises comme l'ont montré de nombreux spécialistes de la sécurité des systèmes de l'information. Parmi les plus connus, bien sûr, Facebook ou Twitter ; ces réseaux se trouvent désormais au centre des activités quotidiennes de millions d'internautes et sont une cible privilégiée des pirates. Les utilisateurs de ces réseaux sont leurs premières cibles, car aptes à générer à leur insu des fuites de données et d'informations. Facebook, par exemple, regroupe plus d'un milliard de membres actifs dans le monde[1]. Ce qu'il faut noter, c'est que ces plateformes communautaires ne sont plus l'apanage de jeunes adolescents qui s'amusent, mais concernent toutes les strates de la population y compris le monde professionnel.

D'autre part, les statistiques françaises montrent que leur nombre d'abonnés a doublé en un an passant à 16 millions d'inscrits dont 37% sont des cadres d'entreprises. Par ailleurs, 72% des entreprises estiment que le comportement de leurs salariés sur les réseaux sociaux a changé leur organisation du travail. Au-delà de la perte de productivité, la divulgation d'informations, comme la présence de programmes malveillants, peut mettre en danger la sécurité de l'entreprise voire entrainé des pertes de données. Ces craintes sont totalement justifiées, puisque le nombre d'entreprises victimes d'une mauvaise utilisation des réseaux sociaux, ont augmenté de 70% en 2009. Facebook détient, à cette date, la pole position avec 61% des attaques.

En parallèle, on peut noter la montée en force d'un autre phénomène qui touche les internautes c'est le social engineering, ou surfing, qui représente une perte évaluée à 1.5 milliards de dollars par an pour les entreprises. En effet, et en regroupant les différentes informations qui sont présentes sur le net, on constate que, les pirates finissent par tout savoir en terme d'informations stratégiques et confidentielles comme la préparation d'un plan social, les licenciements, les projets, les contrats, voire même les déplacements des personnels. Toutes ces informations, bien sûr, peuvent être exploitées par la concurrence, nuire à l'image de l'entreprise et porter des conséquences notables sur les marchés.

En délivrant des messages, pour la plupart anodins, les salariés internautes ne mesurent absolument pas la portée de leurs actes. En répondant à un mail ou en cliquant sur un lien hypertexte reçu par un correspondant, on peut télécharger des logiciels malveillants (les malwares) ; qui se rend compte que seuls 6,21% des messages qu'il

[1]http://www.lemonde.fr/technologies/article/2012/10/04/facebook-franchit-la-barre-du-milliard-dutilisateurs_1770255_651865.html.

reçoit, en moyenne, sont de vrais mails, et que tous les autres pourraient être classés comme courriers indésirables, avec tous les risques d'intrusions et de piratage que cela comporte pour les systèmes d'informations de l'entreprise ? Plus de 90% de l'ensemble des messages reçus sur les serveurs des messageries des entreprises dans le monde sont donc suspects. Au-delà de la perte en temps et en productivité, il faut absolument être en mesure d'appréhender ces lourdes menaces.

En 2010, et parmi les 12 principaux pays de l'économie mondiale, les Etats-Unis se positionnent aussi comme leader en matière de spam, avec une production de plus des 13% de l'ensemble des spams diffusés dans le monde ; soit une centaine de millions de messages indésirables par jour. Toutefois, les pirates auraient en partie délaissé les spam pour se concentrer sur les réseaux sociaux puisque le nombre de spam actuellement recensé se serait réduit de moitié depuis l'année dernière passant de 50 à 26 milliards de spams.

Au-delà du phénomène du social engineering, beaucoup d'autres méthodes malveillantes sont en recrudescence sur les réseaux sociaux : Malware (les logiciels malveillants), Spyware (les logiciels espions), Botnets (ordinateurs infectés et programmés à distance), chevaux de Troie, virus, etc. sont chaque jour plus efficaces et peuvent attaquer, à chaque instant, les systèmes d'informations des entreprises et des États pour s'emparer des données personnelles, bancaires, d'informations confidentielles issues du travail des salariés et administrateurs. Il faut savoir que même si le web reste un terrain de prédilection, les menaces qui se propagent via les pièces jointes et les liens hypertextes intégrés au corps des messages ont été les deux méthodes les plus utilisées en 2009 par les pirates ; le nombre d'attaques en ligne par jour a augmenté de 93% en 2010 !

En France, plus d'un tiers (37% des entreprises interrogées) déclare que la sophistication croissante des menaces est bien la deuxième barrière au maintien d'un bon niveau de sécurité, alors je terminerai en parlant d'un problème qui semble peu important, mais qui a une lourde signification : il s'agit de la gestion des mots de passe pour les salariés des entreprises. Une étude a montré, en 2011, que 52% des salariés avouaient partager leur identification de connexion avec des collègues (comportement qui appelle, en outre, à la réciprocité) et que plus de 10% des responsables informatiques avouaient avoir conservé le compte de leur emploi précédent.

En conclusion, je dirai qu'au niveau gouvernemental, la professionnalisation croissante des cybercriminels et des cyber-terroristes a conduit de nombreux pays à designer des coordonnateurs nationaux pour se protéger contre ce nouveau type de guerre et travailler en intelligence avec les autres états à l'échelle internationale. En France, pour mieux envisager l'organisation du temps face à tous ces nouveaux paramètres et éviter tout risque d'intrusion, certaines entreprises sont même allées jusqu'à interdire l'accès à internet et, ce faisant, l'accès aux réseaux sociaux pour leurs employés ; je tiens à dire que la Cnil (Commission nationale informatique et libertés), informée de ces démarches, a répondu très clairement que les entreprises ne peuvent pas interdire l'accès aux réseaux sociaux.

Même si certaines le font déjà, la législation française va dans le sens d'une non-interdiction et la définition claire de closes d'usages qui permettent de sensibiliser et d'éduquer les collaborateurs à tous les niveaux de responsabilité du tissu de production. Ainsi, les entreprises françaises essayent de s'adapter de façon à protéger leur savoir-faire et on adopte des chartes pour que les réseaux sociaux, l'internet et les systèmes d'information puissent être effectivement utilisés à bon escient. La tenue de ce séminaire montre l'importance que votre pays attache aux problèmes de la sécurité de l'information, devenue pour nous tous une condition incontournable de la compétitivité.

L'INFORMATION AU CŒUR DE L'INTELLIGENCE ECONOMIQUE STRATEGIQUE

Jean-Louis MONINO
MCU-HDR- Université Montpellier Sud de France
Directeur Laboratoire Traitement et Recherche
Sur l'Information et la Statistique –TRIS

Introduction : les premiers travaux sur l'intelligence économique

Aux Etats-Unis, ce sont des travaux d'universitaires qui, dès les années 60, ont révélé l'importance et la nécessité de concevoir l'intelligence économique comme une branche de l'économie. L'ouvrage d'Harold Wilensky « L'intelligence organisationnelle », en 1967, définit l'intelligence économique comme l'activité de production de connaissances servant les buts économiques et stratégiques d'une organisation, dans un contexte légal et à partir de sources ouvertes.

Stevan Dedijer conceptualise à la fin de cette décennie « l'intelligence » comme matière économique, et en donne une définition large : « L'intelligence est l'information elle-même, son traitement, ainsi que l'organisation qui s'en occupe, tandis qu'elle l'obtient, l'évalue et l'utilise dans des conditions plus ou moins secrètes, compétitives ou coopératives, pour les besoins de conduite de tout système social et à propos de la nature, des capacités, des intentions, et des opérations actuelles ou potentielles d'opposants internes ou externes ».

Klaus Knorr, est l'un des premiers à prôner une large diffusion de l'Intelligence Economique, dès l'université; selon lui, elle est « l'opération permettant de se procurer et de traiter l'information relevant de l'environnement externe par laquelle une organisation tend à maximiser l'atteinte de ses différents buts ». L'intelligence économique devient ici une composante majeure de la stratégie des entreprises ; elle repose sur l'information, socle de tout processus décisionnel. Bien sûr, l'information en tant que telle avait déjà reçu un traitement scientifique fondamental sans lequel, l'intelligence économique n'aurait pu se développer.

Plus tard, en France est publiée en 1994, sous la dénomination de Rapport Martre, la contribution d'un groupe d'experts, réunis au sein du

Commissariat Général au Plan. Ces travaux intitulés « Intelligence Economique et Stratégie des Entreprises » proposent en introduction, aux publics français, un approfondissement du concept : « L'intelligence économique peut être définie comme l'ensemble des actions coordonnées de recherche, de traitement et de distribution, en vue de son exploitation, de l'information utile aux acteurs économiques ».

Ces diverses actions sont menées légalement avec toutes les garanties de protection nécessaires à la préservation du patrimoine de l'entreprise, dans les meilleures conditions de qualité, de délais et de coût. L'information utile est celle dont ont besoin les différents niveaux de décision de l'entreprise ou de la collectivité, pour élaborer et mettre en œuvre, de façon cohérente, la stratégie et les tactiques nécessaires à l'atteinte des objectifs définis par l'entreprise dans le but d'améliorer sa position dans son environnement concurrentiel. Ces actions, au sein de l'entreprise s'ordonnent en un cycle ininterrompu, générateur d'une vision partagée des objectifs à atteindre ».

L'Intelligence Economique a du mal à s'implanter en France. Neuf ans après le Rapport Martre, le gouvernement demande au député Bernard Carayon une nouvelle étude. Cinq ans après ce dernier rapport, on retrouve dans le livre blanc de la Défense, en 2008, une attention particulière pour l'intelligence économique dans le cadre de la protection de secteurs industriels fragiles dont les compétences révèlent un caractère sensible. Enfin, dans le rapport d'étapes du 5 janvier 2010, les états généraux de l'industrie soulignent la nécessité pour l'industrie française, de mieux connaître son environnement concurrentiel, ses marchés potentiels et les opportunités que peuvent offrir de nouvelles technologies. Ce dernier rapport insiste sur le soutien à l'export en passant par « une meilleure adéquation des productions avec la demande mondiale par l'intelligence économique et une promotion soutenue du « made in France ».

1. L'information, bien économique ?

L'information devient un enjeu stratégique ; pas simplement pour la sureté de l'État, mais aussi pour défendre la compétitivité globale d'un pays. Ainsi, cette importance de l'information, en tant que matière première, pour le monde économique n'est pas apparue il n'y a finalement que peu de temps : l'information économique n'est pas un bien comme les autres dans la société du savoir. Une entreprise sera meilleure que ses concurrentes si elle possède, avant les autres, les bonnes informations au bon moment, qu'il s'agisse de connaissances des marchés, d'informations juridiques, technologiques, normatives ou autres.

Pour creuser son avantage compétitif, l'entreprise doit pouvoir créer une asymétrie d'information à son avantage. L'intelligence économique vise à une meilleure maîtrise de l'information afin d'être un instrument d'aide à la décision. L'information, même d'apparence dérisoire, peut constituer après traitements, recoupements, une valeur économique. L'information s'inscrit donc comme un bien économique, voir patrimonial, pour toute entreprise.

2. L'innovation moteur de la croissance

Les moyens publics (financiers, humains, etc.) mobilisés dans le cadre du soutien à des projets innovants, doivent être orientés plus particulièrement, vers les phases ciblées du processus, et leurs effets doivent pouvoir être appréciés en retour. Ces deux impératifs se conjuguent pour construire les bases d'une politique publique efficace de soutien à l'innovation. Ainsi, la complexité du processus et les divers organismes (publics et privés) qui s'y investissent, concourent à limiter la visibilité de l'implication des pouvoirs publics, et surtout celle des retours sur investissements publics (en termes économique, social ou financier pour les collectivités locales).

L'intelligence économique met en perspective toutes ces informations utiles à un organisme, qu'elles soient scientifiques et techniques ou qu'elles portent sur les marchés, les produits, les concurrents, la réglementation, et les comportements. Le recueil et le traitement de l'information, concernant les moyens publics mobilisés, l'identification des zones privilégiées d'intervention dans le processus, l'appréciation des résultats et de leur impact sur le tissu industriel local, concourent à éclairer l'action publique par la construction d'un certain nombre d'indicateurs.

Pour construire ces indicateurs, il convient de constituer des bases de données pertinentes et exploitables, et de mettre en œuvre les outils statistiques permettant de produire des résultats facilement interprétables. L'innovation, les technologies de l'information et de la communication et l'économie des services utilisent de nouveaux moteurs de croissance ; notamment, le savoir, les connaissances, la créativité, les technologies. Ces nouvelles matières premières définissent ce que certains appellent l'économie de l'immatériel.

3. L'intelligence économique

La veille économique concerne le recueil de l'information, tandis que l'intelligence économique est une demande de la direction de l'entreprise pour connaître, et maîtriser dans la mesure du possible, la dynamique de son environnement. Bien sûr, l'intelligence économique doit mobiliser des moyens, humains et financiers, mais elle fait également appel à des méthodes de travail et des outils, informatisés ou non, pour le recueil et surtout l'analyse de cette information. L'information devient donc l'une des matières premières stratégiques de l'entreprise et le responsable d'une entreprise, doit pouvoir au sein de son staff ou en externe trouver les aides nécessaires au moment des prises de décisions stratégiques.

L'économie est devenue mondiale, elle est en perpétuelle mutation. Cette dynamique confère à l'information, qui est au cœur de l'intelligence économique, une vitesse de circulation qui peut entrainer des mutations radicales dans l'environnement économique des entreprises. Qui maitrise ou tente de maitriser l'information peut avoir une avance importante dans notre monde de concurrence. Il faut avoir également la capacité de comprendre très rapidement son environnement économique, social et financier, et ses imbrications dans le processus productif.

« L'intelligence économique » se définit à partir de moyens éthiques ; sa force réside dans une capacité d'interprétation et non le caractère séditieux du recueil de l'information. L'intelligence économique comme élaboration des outils relatifs à la matière première qu'est l'information, tout en s'éloignant de l'espionnage industriel qui rythmait l'univers industriel de l'époque de la guerre froide, est une composante majeure pour formaliser toute stratégie.

3.1. L'intelligence économique stratégique

L'intelligence économique stratégique est un mode de gouvernance dont l'objet est la maîtrise et la protection de l'information stratégique pertinente pour tout acteur économique. Elle peut être :

- Offensive lorsqu'elle collecte, analyse et diffuse de l'information utile aux différents acteurs économiques ;
- Défensive lorsqu'elle protège les informations stratégiques pour l'entreprise des actes de malveillance ou de négligences internes et externes.

4. Un modèle simple d'Intelligence Economique Stratégique

Le modèle proposé retient trois concepts ; « Donnée, Information, Connaissance » qui permettent de définir le concept global d'intelligence économique en mettant en valeur la place de « l'Information ». Notre concept global débouche sur la prise de décision et intègre la notion capitale de cycle dans l'Intelligence Economique Stratégique. Ce travail a été présenté pour la première fois le 19 avril 2006 à la CCI de Montpellier lors « Des Matins De La Cité ». Une schématisation du concept l'Intelligence Economique Stratégique peut être proposée à partir d'une partie du modèle hiérarchique décrit par Thomas Stearns Eliot en 1934 qui établit un lien entre la sagesse, la connaissance et l'information en partant des données.

4.1. Le modèle d'IE Stratégique en trois concepts, d'après T.S. Eliot

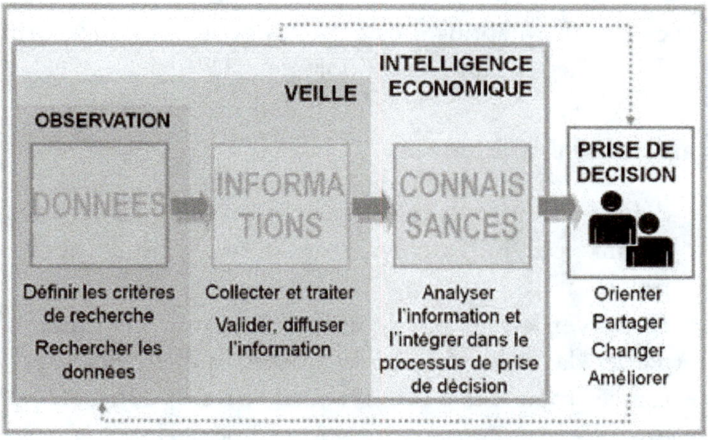

- *Données* : Accumulation de données n'est pas de l'information, ce sont des nombres, des mots, de événements existants en dehors d'un cadre conceptuel de référence. En l'absence de contexte, les données prises individuellement n'ont pas une grande signification. Les données sont des informations brutes.
- *Informations* : Accumulation d'informations n'est pas connaissance, ce seront l'ensemble de données, traitées et transformées qui deviendront des informations, validées et confrontées, pour commencer à avoir un sens.
- *Connaissances* : Accumulation de connaissances n'est pas sagesse - ici, « intelligence »; seul l'ensemble des informations

interprétées au sein de l'entreprise permet de justifier les choix des décideurs.

Le passage par ces trois concepts se fait de la manière suivante :

4.2. Des données à l'information

Ce terme de « données » recouvre généralement des mesures qui sont effectuées sur des objets, des individus ou toute autre unité statistique. Les données brutes peuvent être numériques ou non. Elles peuvent porter sur un ensemble d'éléments, d'objets ou d'individus, être regroupées par catégories et supporter une grande diversité. Il existe quantité de formats de données : des textes, des relevés de notes ou de décisions, des images, des renseignements sur support informatique, etc.

Le recueil de données est une phase importante dans toute étude. Une fois que le recensement des données utiles est effectué et que les critères de leur qualité ont été analysés, les données pourront être organisées et transformées en informations. Les données génèrent de l'information et, à ce titre, elles admettent une méthodologie assez stricte.

4.3. Organisation des données

- définir avec précision, au cas par cas, ce qu'il est nécessaire de retenir ; prévoir l'archivage des données brutes et des données traitées ;
- conserver le plus possible d'informations instrumentales pour garder la mémoire de la qualité individuelle des données traitées (périodes d'observations, interruptions, etc.) ;
- organiser a priori, et non a posteriori, la constitution informatique du catalogue des observations et faciliter l'utilisation future des données en introduisant des champs supplémentaires pour sélectionner et identifier les observations ;
- établir et tenir à jour des grilles synthétiques pour retrouver les données rapidement.

Un inventaire des données disponibles permet d'y voir clair, de repérer les dossiers, les textes, les chiffres, et de s'assurer de leurs utilités pour un projet. Cet inventaire des données comporte le maximum d'informations sur l'observation, tout ce qui est nécessaire au traitement ainsi que les références aux résultats éventuellement déjà obtenus.

Traitement des données non numérisées

Il est une catégorie de données archivées pour lesquelles le traitement passe par l'étape préalable de numérisation. On doit, bien sûr, s'interroger sur la nécessité de numériser systématiquement ses données : ne sont-elles pas mieux archivées et accessibles sous leur forme présente ? Ne sont-elles pas plus facilement évaluables ?

Il est néanmoins des cas où seule la numérisation peut permettre à la fois une conservation fiable, le traitement effectif et la visibilité sur les étapes de ce traitement. Il ne serait pas réaliste de recommander une numérisation systématique de tous les documents mais les grands acteurs du numérique y travaillent.

Traitement des données numérisées

La constitution de bases de données, l'organisation de catalogues et de l'accès aux données brutes ou réduites (thésaurus, métadonnées), sont indissociables de la nécessaire mise à disposition de logiciels de traitement (et/ou de visualisation, calibration, modélisation) pertinents associés.

« Je veux la bonne information au bon moment ! ».

Pour cela il faut :

- définir des objectifs ;
- rechercher et collecter des données ;
- trier et stocker les données ;
- créer des informations pertinentes.

5. De l'information à la connaissance

L'information correspond à des données qui ont été consignées, classées, organisées, raccordées et interprétées dans le cadre d'une étude spécifique. Ce processus de traitement des données fournit l'information accessible dans la prise de décision.

En général, on distingue plusieurs sortes d'informations :

5.1. Information interne et information externe

L'information interne renseigne sur l'état réel de l'organisation (une entreprise, par exemple), sur la base de connaissances tangibles comme :

- Les capacités du parc machines, la situation financière et la trésorerie, l'organisation, le carnet de commandes, etc.
- Les savoir-faire, la situation de la ressource humaine, les relations avec les clients.

L'information externe apporte des connaissances issues d'une veille thématique comme :

- Les normes, brevets, réglementations, produits et procédés, clients, concurrents, fusions et acquisitions, etc.
- Les visions prospectives, tendances, prévisions de marché, évolutions politiques et sociales.

5.2. Informations formelle et informelle

- Information formelle : donnée qui a été rédigée ou diffusée sur un support (papier, multimédia, son, image, etc.).
- Information informelle : donnée recueillie auprès d'une source orale ou n'ayant pas été explicitement mise en forme pour publication.

6. Importance de l'information

- Information blanche : information aisément et licitement accessible (médias, manifestations commerciales).
- Information grise : information licitement accessible, mais caractérisée par des difficultés dans la connaissance de son existence ou de son accès (base de données, interviews d'experts, marchés extranationaux, etc.)
- Information noire : information à diffusion restreinte et dont l'accès ou l'usage est explicitement protégé ; elle nécessite de faire une autorisation (partenariats, syndications) pour être obtenue légalement.

Schéma 1 : Les différentes natures de l'information

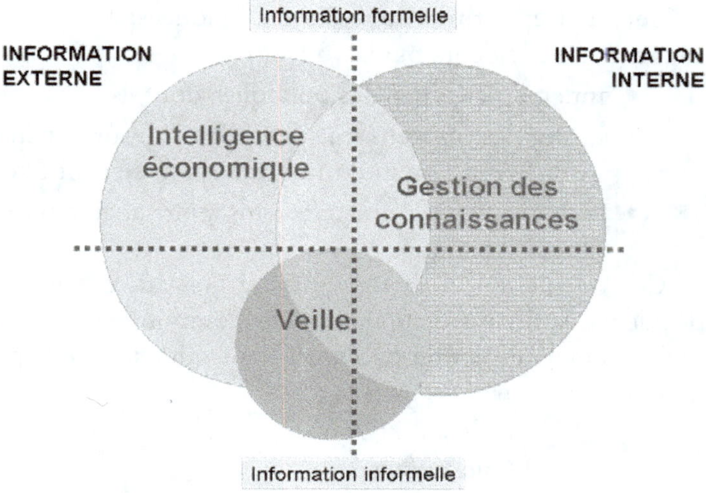

« Comment puis-je rendre l'information utile ? ».

Une fois arrêtés les objectifs globaux en matière d'information, et les missions de recherche, collecte, tri et stockage validées, il faudra :

- analyser l'information,
- exploiter les résultats de manière à en sortir les aspects objectifs aidant à la prise de décision.

Comment présenter cette information en prenant en compte l'aspect de traitement scientifique des données ? Les comparaisons, la modélisation des choix, les simulations, entre autres, participent à l'identification d'outils statistiques adaptés et, plus généralement, à la constitution de bases de données spécifiques. L'usage de l'informatique, réservé il n'y a pas si longtemps à un public réduit et averti, est aujourd'hui accessible à un très grand nombre d'individus. Des logiciels peu onéreux, de compréhension aisée, permettent à beaucoup, l'accès et un traitement extrêmement rapide de données numériques nombreuses et complexes. Les méthodes statistiques, des plus sommaires, aux plus sophistiquées pourront donc être mobilisées pour traiter les données quantitatives et qualitatives recueillies. Elles permettront également de tester des modèles mettant ces données en relation dans un cadre formel.

Très souvent, l'évaluation est confondue, voire opposée à l'audit, au contrôle de gestion ou au simple suivi d'exécution. Les évaluations font en fait référence à deux grands types d'analyses, qualitatives et quantitatives, qu'elles croisent en admettant une dose certaine de subjectivité. Par exemple, la recherche de la performance induite dans l'ingénierie des politiques publiques l'articulation du pilotage stratégique avec le suivi permanent de son exécution. La performance ne se juge pas uniquement en termes de ressources allouées; elle contient également la capacité des décideurs publics à :

- anticiper les effets des politiques dont ils ont la charge,
- ajuster les moyens mis en œuvre pour atteindre les objectifs stratégiques ou intermédiaires qu'ils se sont fixés,
- faire évoluer les objectifs sans pour autant remettre en cause le projet politique.

Ces éléments viennent enrichir les démarches évaluatives des décideurs, la finalité demeurant l'amélioration des pilotages stratégique et opérationnel de l'action publique. L'introduction de la performance pose les questions suivantes :

- Quels indicateurs ?
- Quels outils ?
- Quelles méthodes ?
- Pour quels objectifs ?

Nous mettrons en évidence dans le projet la nécessité de regrouper et rationaliser les données quantitatives et qualitatives à l'aide de grilles et d'indicateurs, de se doter de méthodes et de structures qui permettront un suivi systématique sur le long terme. Ces informations sur l'observation des politiques publiques d'innovations devront aider les décideurs dans leurs choix.

7. Traitements statistiques

Les progrès de l'informatique, depuis 1960, ont largement contribué aux développements de ces techniques de description de tableaux statistiques. Alors, et sous l'impulsion d'auteurs comme J.P. Benzecri (analyse des tableaux de contingence) et E. Diday (méthodes de classification), un ensemble d'outils efficaces et robustes ont été construits. Ils permettent, aujourd'hui, de résumer et de dévoiler rapidement la structure de l'information contenue dans de grandes matrices complexes.

« L'exploration de données, aussi connue sous les noms fouille de données, data mining (forage de données) ou encore Extraction de Connaissances (ECD en français, KDD en Anglais), a pour objet l'extraction d'un savoir ou d'une connaissance à partir de grandes quantités de données, par des méthodes automatiques ou semi-automatiques, et l'utilisation industrielle ou opérationnelle de ce savoir ». (Wikipédia)

Le concept du data mining a gagné en popularité comme outil de gestion marketing puisqu'on attend qu'il mette en évidence des structures connues pouvant aider à la décision en conditions d'incertitude. Récemment, nous avons assisté à l'émergence d'un intérêt certain pour le développement de nouvelles techniques analytiques spécifiquement destinées à traiter des questions du data mining (par exemple, Arbres de Décision (Classification), Modèles d'Arbres de Classification et de Régression, Modèles CHAID, MARS plines (Multivariate Adaptive Regression Splines)). Mais le data mining reste largement basé sur les concepts statistiques traditionnels de l'Analyse Exploratoire des Données et de leur modélisation, dont il partage à la fois l'approche générale et les techniques spécifiques.

Le data mining est souvent considéré comme « un mélange de statistiques, d'IA (Intelligence Artificielle), et d'exploration dans des bases de données » (Pregibon, 1997, p. 8). Ce n'est que très récemment que les statisticiens ont commencé à s'y intéresser et le data mining était encore considéré comme un « gros mot en Statistiques » jusqu'à il y a peu (Pregibon, 1997, p. 8). En raison de son utilisation croissante, ce champ s'impose de plus en plus comme un domaine important (même en statistiques), en forte croissance, où des avancées théoriques importantes ont été réalisées (voir par exemple, le récent compte-rendu annuel sur les Conférences Internationales sur la Découverte de Connaissances et le Data Mining, organisées en partenariat en 1997 avec l'Association Américaine de Statistiques).

8. De la connaissance à l'intelligence

« Il faut faire évoluer la culture de l'entreprise ! »

Le système de prise de décision n'est pas un système figé. Il doit s'adapter et évoluer dans le temps, pour cela il faut :

- partager l'information,
- évaluer la qualité et la pertinence des décisions,
- se remettre en question : reformulation, changement, amélioration.

8.1. ...de la veille à l'intelligence économique

- La « Veille » : récolte, stockage, partage de l'information selon des besoins identifiés et des procédures prédéfinies.
- « L'Intelligence économique » : analyse de l'information obtenue et réflexion prospective permettant d'anticiper des évolutions et de prendre des décisions en conformité. C'est également la perception de son environnement, l'identification des évolutions du marché, l'adaptation stratégique, l'innovation et donc la progression des ventes, l'ouverture de nouveaux marchés et, in fine, la stratégie de développement de l'entreprise. C'est enfin, dans une certaine transversalité, la sécurité de l'information, la protection des données, l'anticipation des risques, et donc le contrôle de son système d'information qui inclut, aujourd'hui, le rayonnement de celui-ci dans et au-delà de ses réseaux, aussi appelé e-réputation.

L'ensemble des champs qui complète l'intelligence économique, comme, la gestion des connaissances, la protection des informations, le lobbying, peuvent être regroupés dans le concept global d'Intelligence stratégique.

Conclusion

Les moyens publics (financiers, humains, logistiques) mobilisés dans le cadre du soutien à des projets innovants, doivent être orientés plus particulièrement, vers les phases ciblées du processus, et leurs effets doivent pouvoir être appréciés en retour. Ces deux impératifs se conjuguent pour construire les bases d'une politique publique efficace de soutien à l'innovation. Ainsi, la complexité du processus (décrite précédemment) et les divers organismes (publics et privés) qui s'y investissent, concourent à limiter la visibilité de l'implication des pouvoirs publics, et surtout celle des retours sur investissements publics (en termes économiques, sociaux ou financiers pour les collectivités locales).

Le recueil et le traitement de l'information, concernant les moyens publics mobilisés, l'identification des zones privilégiées d'intervention dans le processus, l'appréciation des résultats et de leur impact sur le tissu industriel local, concourent à éclairer l'action publique par la construction d'un certain nombre d'indicateurs. Pour construire ces indicateurs, il convient de constituer des bases de données pertinentes et exploitables, et de mettre en œuvre les outils statistiques permettant de produire des résultats facilement interprétables.

Vers une reconnaissance de l'IE dans l'enseignement supérieur

Le ministère de l'enseignement supérieur et de la recherche et le MEDEF ont signé un accord portant sur le lancement du référentiel de compétences « Intelligence Économique et Nouveaux Risques du 21ème siècle ». Ce référentiel a pour but de sensibiliser et de former les étudiants aux questions de citoyenneté, d'intelligence économique et de sécurité globale. Ce référentiel[2] apparaît comme un outil important de sensibilisation et d'insertion pour les étudiants des universités et des écoles d'ingénieurs. Le référentiel sur l'IE et les nouveaux risques du 21ème siècle. Il aborde les grandes notions suivantes :

- la valeur de l'information comme donnée fondamentale pour l'existence et la performance d'une entreprise ;
- l'environnement concurrentiel et compétitif de l'entreprise, en présentant autour de quelques grandes problématiques de la concurrence internationale, ses opportunités et ses menaces ;
- la notion de risques auxquels sont exposées les organisations et les collectivités ;
- la place et la responsabilité dévolues à chaque citoyen dans la prévention et la résolution des crises.

Il a été conçu afin d'être déployé tant dans les cursus universitaires qu'au sein des Ecoles d'ingénieurs et de management aux niveaux Licence, Master et Doctorat.

BIBLIOGRAPHIE

AGRELL, B. HULDT, 1983, Clio goes spying: Eight essays on the Histroy of Intelligence, Lund Studies in *International History*, Scandinavian University Books, Malmö.
BAUMARD, P, 1992, Guerre économique et communauté d'intelligence, *La Revue Politique et Parlementaire.*
BAUMARD, P, 1991, *Stratégie et surveillance des environnements concurrentiels*, Masson, Paris.

---

[2] Voir annexes

BOYA, C., MONINO, J.-L., 2010, The impact of exogenous information on stock value through the coloration concept: a test model, *Journal of Innovation Economics*, n°6.
BOYA, C., MONINO, J.-L., 2009, Le prisme des medias, *Revue d'Economie Méridionale*, vol. 57, N°228.
JAKOBIAK, F., 1998, *L'intelligence économique en pratique*, Les Editions d'Organisation.
JAKOBIAK, F., 2004, *L'intelligence économique : la comprendre, l'implanter, l'utiliser*, Les Editions d'Organisation, Paris.
HARBULOT, C., 1990, *Techniques offensives et guerre économique*, Étude No 131, Centre de Prospective et d'Évaluation/Aditech, Paris.
JAKOBIAK, F., 2006, *L'intelligence économique : la comprendre, l'implanter, l'utiliser*, Editions d'Organisation, 2ème tirage, Groupe Eyrolles, France.
JAKOBIAK, F., 2009, *L'intelligence économique : techniques et outils*, Editions d'Organisation, 2ème édition, Groupe Eyrolles, France.
JUILLET, A., 2004, Du renseignement à l'intelligence économique, in *Défense Nationale*, C. Quesnot.
JUILLET, A., 2008, *Le bulletin d'information sur l'IE stratégique pour les PME-PMI*, I.E.S N°5 nov-déc.
KNORR, K., 1964, Failure in national intelligence estimates; the case of the Cuban missiles, World Politics.
MARTRE, H., LEVET, J.L., CLERC, P., 1994, *Intelligence économique et stratégie des entreprises*, Editions La documentation française.
MARTRE, H., 1994, *Intelligence économique et stratégies des entreprises*, Commissariat général du plan, La documentation française.
MATOUK, J., MONINO, J.-L., 2005, Le marché de Paris à la mémoire courte, *Revue d'Economie Financière*, n° 81.
MONINO, J.-L, CAVAGNA, E., 1999, Indice de satisfaction : conceptualisation et mise en application dans le cadre de la Chambre de Commerce et d'Industrie de Montpellier, *Revue Modulad*, INRIA, Numéro 22.
MONINO, J-L., KOSIANSKI, J-M., 2003, *Influence de la culture sur le développement local au travers du tourisme : le cas de la commune de Lodève*, Colloque XIIIème conférence internationale du RESER, Ateliers de la Fucam Mons.
MONINO, J.-L., collaboration avec CAVAGNA E. DUMAZERT J-M., 2004, Mesure de la satisfaction, *Revue Française du Marketing*, numéro spécial sur la satisfaction.

MONINO, J-L, KOSIANSKI, J-M., 2004, *Influence de la culture sur le développement local au travers du tourisme : le cas de la commune de Lodève*, Colloque Association d'Econométrie Appliquée, Padoue.
MONINO, J-L, 2005, Intelligence économique, Colloque les matins de la cité, CCI de Montpellier.
MONINO, J-L, BOUSSAMA, F., 2005, *Modélisation des cotes de popularités des hommes politiques*, Colloque de l'IR2I Paris-Pékin, Management et communication, pour une économie de la connaissance, Paris INHES.
MONINO, J-L, 2006, *De la veille à l'intelligence économique …ou comment accroître les performances de la PME*, Colloque « Les Matins De La Cité », CCI de Montpellier.
MONINO, J-L, 2010, *Intelligence économique et gestion des connaissances*, Maison des Sciences de l'Homme Montpellier, Conférence retransmise en Visio Conférence avec l'université Hassan II, Mohammedia.
MONINO, J-L, 2011, Prospective et intelligence économique au service des entreprises et des territoires, Colloque, 6ième Université d'été.
MONINO, J-L., 2011, Intelligence économique et numérique, Conférence Université Hassan II, Mohammedia.
MONINO, J-L, 2012, Un modèle hiérarchique pour l'Intelligence économique, Colloque Intelligence économique compétitivité et attractivité des territoires, Université Ibn TOFAIL et Université Montpellier Sud de France.
WILENSKY, H., 1967, *Organizational Intelligence: Knowledge and Policy in Government and Industry*, Basic Books, New York.

QUI DIT INTELLIGENCE ÉCONOMIQUE DIT PARTAGE D'INFORMATION

Ghizlane SALAM
Doctorante en Sciences Économiques et Gestion
Université Hassan II, Mohammedia- Casablanca, Maroc

Introduction

Plusieurs auteurs comme Philippe Baumard (1991), Henri Dou, Hélène Desvals (1992), Henri Martre, Philippe Clerc, Christian Harbulot (1994), Jean-Claude Possin (1996), Pateyron Emmanuel (1998), Damien Bruté de Rémur, Bernard Besson (2001), Bernard Guilhon & Jean Louis Levet (2003), Liliane Bensahel, Michel Titecat et Ivan Samson (2005), Driss Guerraoui Jean-Louis Monino, et Xavier Richet (2005), Serge Perrine (2006), Abdelmalek Alaoui (2009) considèrent l'intelligence économique (IE) comme un processus informationnel, qui comporte plusieurs étapes liées au cycle de gestion de l'information. Il regroupe l'ensemble des activités liées à la collecte, au traitement, à l'interprétation et l'utilisation des informations, pour prendre des décisions et influer l'environnement dans lequel l'entreprise veut tailler sa place.

De plus, la grande majorité des processus décisionnels mettent l'information au cœur de leur préoccupation et ne donnent pas assez d'importance à son partage entre les différents acteurs qui participent à ce processus. À ce propos, peu de travaux de recherche ont été réalisés, traitant le processus de management de l'information dans le cadre de l'IE. Raimundo N. Macedo Dos Santoen 1995 parle de la veille technologique[1], il présente son processus à travers plusieurs étapes suivantes :

- précision des éléments à surveiller (à l'aide des Facteurs Critiques de Succès (FCS)),
- recherche, collecte et diffusion,
- traitement, validation et diffusion,
- synthèse,

[1]Puisque la naissance de l'IE est venue suite aux évolutions des techniques de la veille technologique.

- décision.

Ces opérations se réalisent par acteurs qu'il appelle « observateurs spécialistes » (analystes et décideurs).

Nous citons également l'approche originale sur le processus d'intelligence logistique, de Christine Roussat et Nathalie Fabbe-Costes(2008), qui ont proposé la mise en place d'un processus d'intelligence logistique, à travers une vision croisée entre le Supply Chain Management et la nécessaire anticipation des évolutions environnementales à l'aide de la veille, de la surveillance ou de l'intelligence.

D'autres auteurs comme Stéphane Goria, Audrey Knauf, Amos David et Philippe Geffroy(2005), ont tenté d'étudier le processus d'IE, notamment, en relation avec l'un des nouveaux métiers de l'information : le métier d'infomédiaire, en le définissant par rapport à la chaîne du renseignement et par rapport à un autre métier de l'information : celui de veilleur. Ils ont défini le processus d'IE en 8 étapes interdépendantes les unes des autres :

- définition du problème décisionnel,
- transformation du problème décisionnel en un problème de recherche d'informations,
- identification des sources pertinentes,
- recherche des informations pertinentes,
- traitement - analyse des informations,
- interprétation,
- décision,
- protection du patrimoine/capitalisation.

Pour Corine Cohen (2007), elle considère le processus d'intelligence économique et stratégique comme un maillon essentiel entre l'information et la décision qui doit comprendre pour être efficace, les phases suivantes :

- détermination des besoins,
- recherche et collecte,
- traitement : analyse, synthèse et mise en forme,
- diffusion,
- utilisation,
- feed-back (retour),
- contrôle de l'IE.

Un modèle hiérarchique est proposé dans les années 2005 par Jean-Louis Monino lors « des matins de la cité » organisé par la CCI de Montpellier :

- les données,
- l'information,
- la connaissance.

Il repose sur un modèle plus large proposé 1934 par Thomas Stern Eliot, Prix Nobel de littérature en 1948, dans son œuvre théâtrale en vers « The ROCK » (Le Roc)[2]. Toutes ces opérations ne peuvent pas se réaliser par une seule personne, parce que cela nécessite une communication et un échange d'information accru.

D'après ce qui précède et sur la base des différentes définitions de la littérature de l'IE, nous pouvons résumer le processus d'IE en trois grandes phases, qui nous semblent nécessaires pour l'optimisation du système décisionnel :

1. *La surveillance de l'environnement qui comprend les opérations successives suivantes :*
   - la définition des axes de surveillance ou définition des besoins en information,
   - la recherche et la collecte des informations,
   - la validation des informations collectées.
2. *L'exploitation des informations qui comporte les opérations suivantes :*
   - le traitement et l'analyse des informations,
   - la validation des informations traitées,
   - le stockage et la diffusion des informations.
3. *L'optimisation du processus décisionnel sur la base des informations collectées et validées, à travers :*
   - la prise de décision,
   - la protection de l'information,
   - le lobbying.

Nous proposons de présenter ce par le schéma ci-dessous :

---

[2] « …Where is the wisdom we have lost in knowledge ? Where is the knowledge we have lost in information ? » (Où est la sagesse que nous avons perdue dans la connaissance ? Où est la connaissance que nous avons perdue dans l'information ?)

Schéma 1 : Processus de l'IE

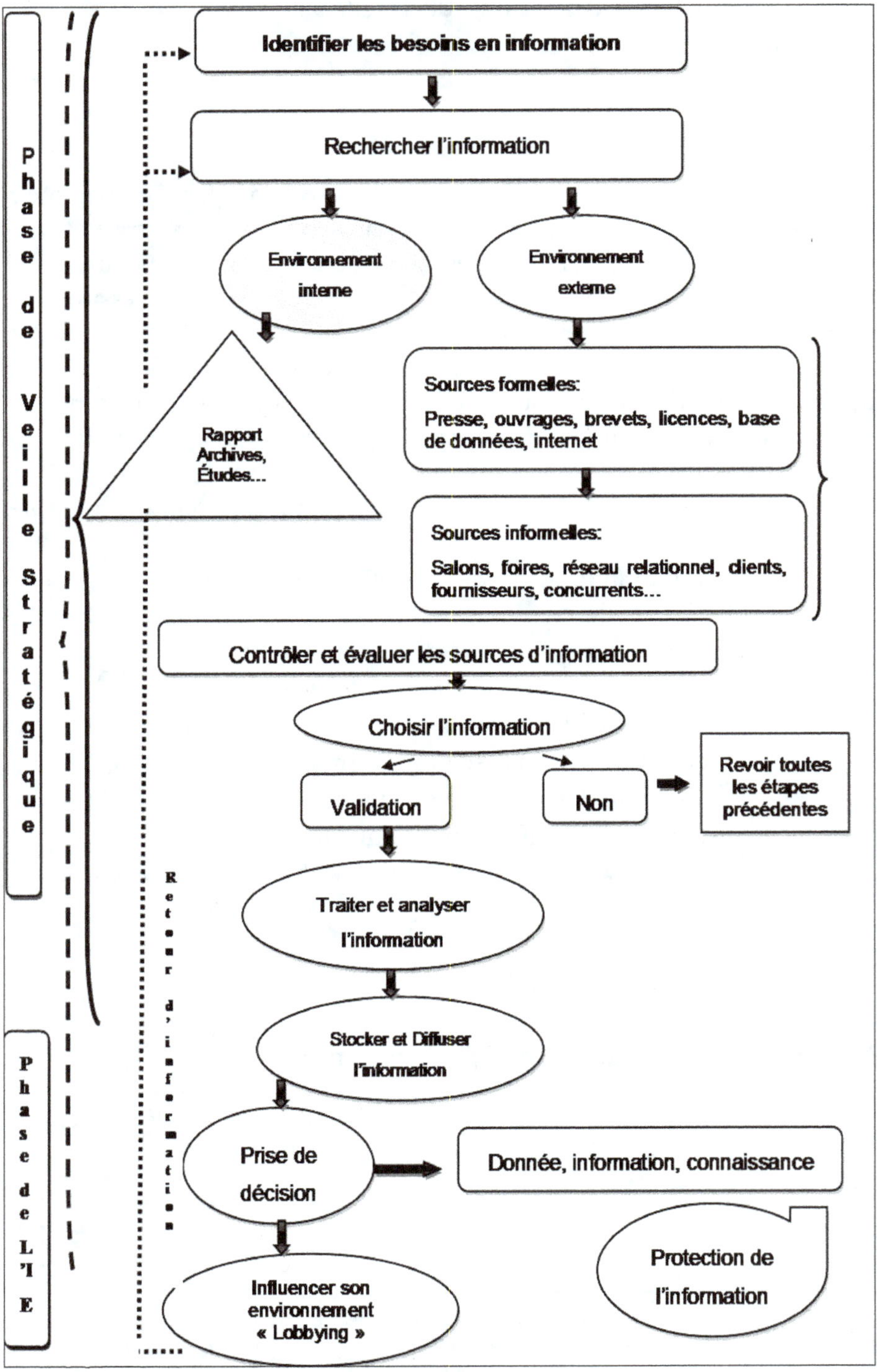

Nous allons essayer, à travers ce schéma, de présenter le management des flux d'informations, tout en favorisant une culture de partage d'informations et renforcer un esprit d'équipe, permettant de développer une intelligence collective. Notre travail vise à répondre à la question suivante : dans quelle mesure le partage d'informations participe-t-il à l'optimisation du processus décisionnel ? Pour ce faire, notre article se scinde en trois parties relatives aux trois grandes phases du processus d'IE.

1. La surveillance de l'environnement

1.1. Identifier les besoins en information

Dans le contexte économique actuel et face à l'exigence croissante de la clientèle, l'entreprise doit mettre son système d'information en état de veille permanent, pour avoir une vision anticipative des besoins de ses clients. Cela peut se réaliser en cherchant de nouvelles informations, en identifiant de nouveaux marchés à conquérir, en nouant de nouvelles relations de partenariat. A cet effet, la surabondance d'information est plus un frein qu'une aide à la prise de décision. Il est donc indispensable pour l'entreprise, avant d'entamer la phase de recherche et de collecte, de définir préalablement quels sont ses besoins réels en information.

Cette étape implique que l'entreprise mène une véritable réflexion sur les principaux aspects de son activité et les objectifs qu'elle souhaite atteindre. En effet, l'expression « besoin en information » désigne la situation d'une personne (ou d'un groupe de personnes) qui ne disposerait pas de toutes les informations qui lui seraient utiles à un moment donné. En d'autres termes, cette personne serait consciente de « souffrir » d'un manque d'informations et, de ce fait, se trouverait dans une situation d'incertitude pénible. La situation satisfaisante serait, a contrario, celle où les informations sont complètes et pertinentes.

Cette expression permet de définir les thèmes sur lesquels l'IE doit être déployée. Il s'agit de fixer les sujets qui doivent faire l'objet d'une surveillance. En effet, l'étape de réflexion préalable à la mise en place d'une surveillance pertinente, nécessite la formalisation d'un besoin précis. Selon les axes de l'IE, la démarche pourra prendre une ampleur plus ou moins importante. Aujourd'hui, le retour sur l'investissement est crucial dans les entreprises : si l'on sait d'où l'on part et où l'on va, le système de surveillance sera bien dimensionné et plus efficace, et ses résultats seront plus conformes aux attentes.

Pour la veille technologique, la veille concurrentielle et l'IE, il est illusoire et impossible de vouloir tout surveiller, tout connaître, tout savoir, tout exploiter. Des tris sont à effectuer, des choix à réaliser[3]. Pour pouvoir identifier ses besoins en information, l'entreprise doit analyser l'environnement dans lequel elle évolue. L'objectif de cette réflexion est de retenir 3 à 4 axes prioritaires pour le développement de l'entreprise. Ces axes seront intimement liés à la vision à long terme pour l'entreprise, et permettront d'identifier les actions à mettre en œuvre à court terme pour y parvenir. Pour cela, l'entreprise doit s'interroger sur les compétences dont elle dispose, pour atteindre les objectifs qu'elle a définis. Elle doit connaître ses forces, et identifier ses faiblesses par rapport à ses concurrents. En fonction de cette analyse, l'entreprise peut alors projeter les connaissances qu'elle doit acquérir ou renforcer pour réaliser ses objectifs.

En réalité, la détermination des axes prioritaires de l'entreprise n'est pas aisée. J.F. Rockart introduit pour la première fois l'approche des FCS[4] comme étant un moyen de détermination directe des besoins en information. Cette approche constitue une méthode importante de planification des systèmes d'information. Elle peut être utilisée seule ou en l'associant à d'autres méthodes de planification, en tant que composante clé des processus prospectifs. Au préalable, les besoins en information d'une organisation sont déterminés par un petit nombre de facteurs que les dirigeants considèrent comme déterminants pour le succès de l'entreprise. Ces facteurs représentent des domaines clés dans lesquels une performance positive satisfaisante assurera le succès de l'organisation et l'atteinte de ses objectifs. Dès lors, plusieurs besoins en information seront identifiés, et pourront être regroupés, en général, en deux grands types :

- Besoins en information permanents : ils permettent à l'entreprise de surveiller l'environnement du marché et contribuent à la réalisation des objectifs de long terme.
- Besoins en information ponctuels : ils répondent à une question qui se pose ponctuellement, mais toujours dans la mise en œuvre d'axes de développement stratégiques.

[3] F. Jacobiak

[4]Voir liste des abréviations.

2. Rechercher l'information

Apres avoir identifié les besoins en information, ainsi que les axes prioritaires sur lesquels doit porter l'IE, nous passons à la recherche des informations. Il est à noter que cette phase de recherche se fait sur deux niveaux :

- Niveau opérationnel : qui se charge de la gestion des informations quotidiennes.
- Niveau stratégique : qui s'occupe, de la gestion des informations stratégiques du long terme, ce qui nécessite un processus de gestion plus compliqué.

En effet, une recherche d'informations efficaces commence toujours par une identification et une connaissance des différentes sources. À ce propos, Hunt Charles et Zartarian Vahéont établi une classification de l'information selon quatre types :

- L'information textuelle : il s'agit de l'information structurée dans une documentation, provenant généralement des bases de données, des rapports, des normes, des brevets et autres. Elle doit être validée, puis traitée et enfin codifiée afin de devenir fiable et accessible.
- L'information floue : il s'agit de l'information qui peut être acquise par les contacts humains. Ce type concerne, en priorité, des informations glanées à l'extérieur de l'entreprise par le personnel en contact avec les clients, les fournisseurs, les commerciaux, les personnes, les ressource du tissu législatif notamment, etc.
- L'information experte : il s'agit de l'information acquise en interne ou en externe auprès des consultants. Elle représente toute l'information liée aux experts qui ont une relation avec l'entreprise, toutes les notes, les rapports et les enseignements. Ce type d'information représente la plus grande part de la mémoire informationnelle de l'entreprise.
- L'information de types foires et salons : il s'agit de l'information acquise dans les contextes des rassemblements professionnels. Elle revêt une grande importance pour l'organisation car, dans un même lieu, sont ici rassemblés concurrents et clients.

Nous remarquons ainsi que les informations recherchées peuvent être disponibles au sein de l'environnement interne ou externe de l'entreprise.

Qu'elles soient d'origines interne ou externe, les sources d'informations peuvent être regroupées en deux grands canaux[5] :

- *Les sources formelles* : Elles existent physiquement sur un support qui garantit la pérennité de l'existence de l'information, qu'il soit papier, film ou électronique. À cet effet, Bruno Martinet et Yves Michel Marti distinguent plusieurs sources formelles, notamment : web, presse et autres médias, sources d'informations légales, organismes spécialisés, bases de données, brevets, études et rapports, moteurs de recherche d'entreprise, normes, textes juridiques, etc.
- *Les sources informelles* : Ce sont des sources intangibles, et non structurées, transmises pour la plupart oralement ou, dans le cas d'Internet, par le biais de groupes de discussion, de courrier électronique ou de forum de débat. Ce qui veut dire, que ce type d'information nécessite un travail personnel pour être collectées. Ainsi, plusieurs sources informelles peuvent être identifiées[6], notamment : les clients, les concurrents, les fournisseurs, les sous-traitants, les candidats au recrutement, les missions de voyage et d'études, les visites de salons, les forums de discussion, les réseaux sociaux, etc.

Il est à signaler à ce niveau que la principale source d'information sur laquelle repose l'IE est le réseau relationnel. Ceci dit qu'il faut développer en permanence des liens avec l'environnement extérieur, qui seront sollicités à chaque fois que l'entreprise a besoin de répondre à des questions précises, principalement d'ordre stratégique.

L'IE cherche l'information disponible; elle est, avant tout, un processus de management d'information dans un cadre légal. Or, dans certains cas, non disponibilité de l'information recherchée, ou de méconnaissance des sources d'informations, ou encore d'ignorance de quelques aspects juridiques, peuvent faire prendre à la pratique de l'IE d'autres facettes illégales, et par conséquent, dévier sa particularité légale vers les voies de l'espionnage.

3. Contrôler et évaluer les sources d'information

La collecte et l'identification des sources d'information ne constituent qu'une étape du processus de la Veille Stratégique (VS). Pour être

[5] Pateyron E., 1998, *La veille stratégique*, Edition Economica.
[6] Selon Bruno Martinet et Yves Michel Marti.

efficacement utilisées, il faut contrôler et vérifier les sources des informations collectées. Cette phase consiste à évaluer la véracité de l'information et permet de minimiser l'accumulation de bruit :

- S'agit-il d'une information collectée d'un blog, où les internautes peuvent apporter des modifications aux informations publiées, ce qui peut nuire à la qualité de ladite information ?
- S'agit-il d'une information publiée formellement (ouvrages, presse, brevet etc.) et dont la source est exacte ?
- S'agit-il encore d'une information informelle (rumeurs, conférences, etc.) dont il faut s'assurer de la véracité, voire de l'existence ?
- S'agit-il d'une information interne, diffusée entre les différents départements de l'entreprise ? Dans ce cas, est-ce qu'elle a été actualisée depuis sa dernière utilisation ?
- S'agit-il d'une commande faite oralement par un client ? Dans ce cas, faut-il attendre une demande officielle de sa part avant de commencer la fabrication ou bien réagir par anticipation pour gagner du temps ?

En effet, selon la cotation militaire, nous distinguons quatre critères de validité des sources :

- Source digne de foi : les informations retirées sont toujours vraies (tribunal du commerce, essais en laboratoire, etc.) ;
- Source digne de foi mais comportant des risques d'erreurs ou de subjectivité (la presse) ;
- Source peu sûre : elle concerne les sources d'informations informelles qui doivent toujours être vérifiées ou recoupées ;
- Source suspecte, car subjective : elle doit être manipulée avec prudence (rumeurs, bruits de couloir, information donnée par la concurrence, etc.).

Martinet et Ribault (1989) retiennent cinq critères d'évaluation d'une source d'information : la fiabilité, la vulnérabilité, la richesse, la performance et la discrétion. Ceci dit, après avoir vérifié les informations collectées, l'entreprise sélectionne et valide celles qui répondent le mieux à son besoin. De même, s'il est avéré que la source est douteuse, l'entreprise relance de nouveau sa recherche en information.

4. Sélectionner et valider l'information

La sélection de l'information reste une étape cruciale dans le dispositif de l'IE. C'est une opération qui consiste à ne retenir, parmi les informations recueillies, que les seules informations susceptibles d'intéresser les utilisateurs concernés. Le but est de sélectionner l'information porteuse de sens, utile à la prise de décision et dont la source a été validée. À ce propos, Martinet et Ribault distinguent quatre critères pour juger la valeur d'une information :

- information très importante et prioritaire,
- information intéressante,
- information utile à l'occasion,
- information sans doute inutile.

D'autres critères de sélection s'y ajoutent :

- La pertinence : il s'agit de déterminer la relation entre les objectifs de l'IE (définis lors de la phase de l'identification des besoins) et l'information collectée ;
- La fiabilité : elle dépend essentiellement de la source de l'information ;
- L'exclusivité : cela veut dire que l'information doit être actuelle et encore vierge ; autrement dit, une information qui n'a pas été encore traitée et qui va l'être dans le contexte des objectifs recherchés au profit de l'entreprise ;
- La disponibilité : nous faisons allusion à l'information blanche et/ou grise dont l'accès est ouvert à tout le monde.

Il est à signaler que ces critères dépendent de plusieurs conditions :

- Le coût d'acquisition : certaines informations sont accessibles directement et gratuitement. D'autres, par contre, doivent faire l'objet d'études ou passer par des cabinets spécialisés...
- La source de l'information : qui permet de déterminer son degré de fiabilité ;
- L'actualité : éviter l'obsolescence de l'information ;
- Le jugement personnel sur la qualité et l'apport de l'information au processus décisionnel.

Ainsi, si l'information sélectionnée, à partir d'une source fiable, répond aux objectifs définis lors de la phase de l'identification des besoins, cette dernière est validée, sinon, elle sera rejetée. Dans ce cas, il faut relancer une nouvelle recherche d'informations et refaire toutes les étapes suscitées. Une fois l'information sélectionnée est validée, elle doit être analysée et traitée, de manière à ce qu'elle participe au processus décisionnel de l'entreprise.

5. L'exploitation des informations recherchées

5.1. Traiter et analyser l'information

Le traitement, l'analyse et la synthèse sont des activités à haute valeur ajoutée. En effet, les données collectées doivent être regroupées, traitées, analysées et validées pour une deuxième fois, dans la perspective de leur diffusion, pour enfin être exploitées dans un processus d'aide à la décision. Ainsi, une transformation se met en place, c'est le passage d'une donnée brute à une information traitée et jugée utile à la prise de décision.

Schéma 2 : Première phase du processus de transformation des données

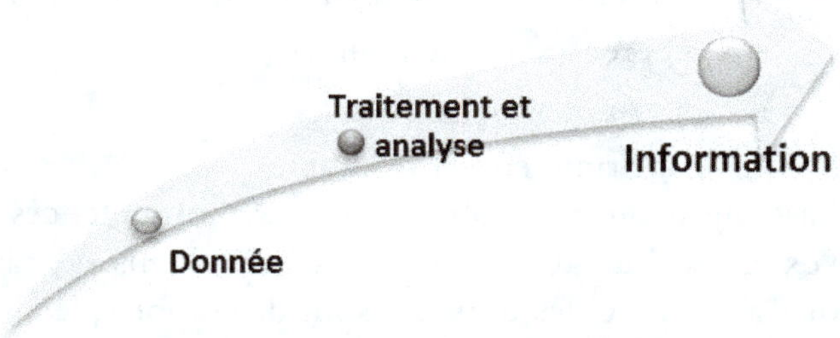

Source : Jean-Louis Monino et Gilles Lucato, « Manager l'information : comment faire aujourd'hui ? ». Les matins de la cité, *La CCI de Montpellier, 2006.*

Une donnée est un élément brut, qui n'a pas été encore interprété et mis en contexte; des nombres, des mots, des événements existants en dehors d'un cadre conceptuel de référence. Ici, les données prises individuellement n'ont pas une grande signification, et c'est bien ce qui distingue donnée et information ; cette dernière étant donc une donnée interprétée. En d'autres termes, c'est par la mise en contexte d'une donnée qu'est créée la valeur ajoutée. L'information naît de la compréhension des relations qui peuvent exister entre plusieurs données. Nous proposons de définir l'information comme un mélange de données plongé dans un contexte et cette proposition peut être approchée par : Information = F (Donnée ; Contexte).

- Traitement des données

La phase de traitement des données précède celle de l'analyse. En regroupant les différentes données collectées et en les croisant, cette phase permet, non seulement d'apporter des réponses, mais également de formuler de nouvelles questions susceptibles de faire l'objet de nouvelles recherches. L'entreprise prépare ici une base de données qu'elle analysera pour tirer des conclusions.

- Analyse des données

Selon Didier Tanyeres, si l'étape de traitement se base sur trois opérations (trier, évaluer et valider), l'étape de l'analyse des informations, repose sur d'autres opérations à forte valeur ajoutée :

- organiser, structurer ;
- utiliser des outils d'analyse validés en amont ;
- repérer les signaux faibles ;
- interpréter ;
- confirmer en confrontant.

Cette phase nécessite la mobilisation des compétences aussi bien internes qu'externes, humaines que techniques. Dans ce cas, plusieurs logiciels dédiés à l'analyse des données sont disponibles, le choix d'un tel logiciel se fait sur la base de l'activité de l'entreprise, le degré de maîtrise du logiciel, le degré de compétences des ressources humaines, et surtout sur la base de l'objectif de cette analyse[7]. Cette phase donne de la valeur et du sens aux données collectées. Pour que cette information soit jugée utile, pour que la prise de décision soit exploitée, elle doit être diffusée à l'ensemble des parties de l'entreprise pouvant en bénéficier.

5.2. Stocker et diffuser l'information

Une fois la donnée traitée, analysée et validée, l'information doit être mise à la disposition de ceux qui en ont besoin, avec un souci de sécurisation. L'information doit pouvoir être partagée, comprise et facilement accessible. Or, avant d'entamer cette phase de diffusion, il est

[7]De plus, l'utilisation des TIC pour analyser les données est insuffisante. Cela doit être amalgamé en même temps avec les compétences personnelles de l'analyste. Donc la formation des ressources humaines dans ce sens est fortement conseillée.

primordial de classifier les informations et de les stocker dans la mémoire de l'entreprise, de façon à ce qu'elles soient aisément retrouvables et exploitables, si besoin. Elles peuvent être classées par type :

- les données commerciales : demandes des clients et délais de livraison, etc.
- les données techniques : gammes, nomenclatures, délais de production, capacités de production, etc.
- les données financières : prix unitaire de vente, coût unitaire d'achat des composants, coût de production, etc.
- les données sur l'état du système (suivi de production) : niveaux de stock, de rupture, en-cours de production, etc.

Elles peuvent être classées également par importance (haute, moyenne, faible), par objectif (stratégique, opérationnel, tactique), par destinataire (direction générale, direction commerciale, direction financière, responsable X, directeur Y) etc. B. Besson et J-C. Possin (1996) précisent que le stockage, ou encore la mémorisation, est l'opération qui consiste à garder en mémoire les informations brutes (données) et les informations traitées pour une utilisation ultérieure. Alors que la diffusion est l'opération qui consiste à mettre les informations à la disposition des utilisateurs potentiels, qui sont souvent des responsables opérationnels. Le point de départ de cette opération est le lieu où sont stockées les informations élaborées, tandis que le point d'arrivée est le lieu (ou bien les lieux) où ces informations vont être utilisées[8].

Les phases de la recherche, du traitement d'analyse, et de la diffusion de l'information, constituent la VS, ce processus itératif se répète régulièrement au niveau de chaque département de l'entreprise.

---

[8]Cette opération n'est pas facile, il existe parfois des difficultés liées à la circulation et à la communication des données, pour des raisons d'organisation, de hiérarchie, de manque de coordination entre les divisions, de problème de partage d'informations et d'ignorance de la valeur de l'information… En effet, un blocage de transfert d'information peut provoquer un blocage au niveau de la livraison de la commande à temps, qui peut aller jusqu'à des pertes très significatives, en termes de coûts, d'énergie, de temps, de confiance vis-à-vis du fournisseur, et d'image vis-à-vis du client.

Schéma 3 : Processus de la Veille Stratégique

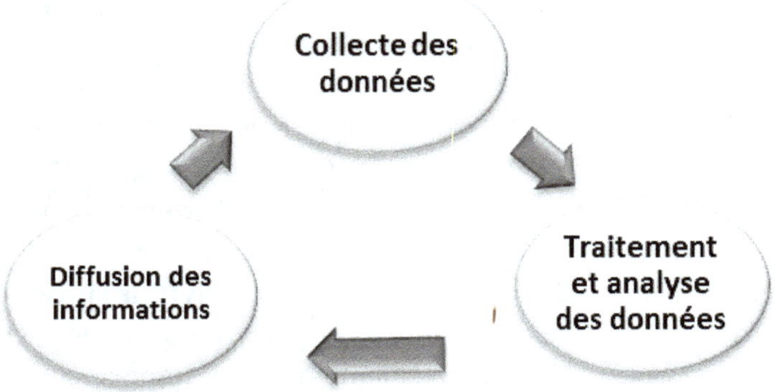

Il est à signaler que la diffusion des informations peut faire l'objet d'une nouvelle étape de collecte d'informations, si le besoin en information, exprimé au départ, n'a pas été satisfait.

6. L'optimisation du processus décisionnel

6.1. Prendre des décisions

Avant de présenter cette étape, il est nécessaire de présenter les principaux traits caractéristiques de la notion de la décision.

Décider : c'est avoir la capacité de faire des choix en fonction des informations disponibles, ou transformer une volonté en acte. C'est l'étape intermédiaire entre la pensée, les études, les analyses et l'action. Mais, puisqu'il y a une infinité d'actes possibles ou probables, décider revient alors à faire constamment des choix, à sélectionner, en toute circonstance donnée, un acte donné. Et la façon dont s'opère et s'actualise ce choix, c'est bien le processus de décision. Il implique toute une série d'actes partiels et séquentiels qui vont conduire le décideur, depuis la prise de conscience de la nécessité d'effectuer un choix jusqu'à la sélection d'une solution parmi les plus adéquates, en passant par la collecte et le traitement de l'information nécessaire.

Cela pose le problème de l'influence de l'environnement sur l'information prise en compte, qui aura des effets sur les résultats de la décision. Pierre Lemaitre donne une définition psychologique à la décision, c'est « engager sa responsabilité, faire un choix et donc éliminer des possibilités, c'est oser… ». Il met l'accent sur l'autre visage de la prise de décision, celui du courage surhumain. À cet effet, les décideurs ont toujours peur de l'imprévu, passent leur temps à se protéger, à fuir le pouvoir, à tout reporter à plus tard, ou à s'en remettre au hasard. Dans ce cas, responsabiliser le personnel de l'entreprise est une nécessité primordiale pour réussir le processus de prise de décision.

6.2. Le processus de la prise de décision

Une décision est donc un processus qui se déroule dans le temps, et fait intervenir un ensemble de moyens techniques (recherche d'informations, traitement, analyse, stockage, transmission, etc.), de ressources humaines (chasseurs d'information ou veilleurs, analystes, décideurs, lobbyistes), et même des moyens financiers (recourir parfois à des cabinets de consulting pour une étude de marché ou une étude de benchmarking, etc.). Dans la théorie de la prise de décision, plusieurs processus ont été proposés, notamment ceux présentés par Herbert Simon, Bruno Jarrosson, Jean Montgolfier et Patrice Bertier.

Le premier a développé l'idée que la décision prise à un moment donné est réduite à l'acte unique du responsable effectuant le choix final. La décision doit ainsi aujourd'hui être interprétée comme une succession d'étapes faisant largement intervenir l'environnement du décideur et mettant souvent en scène des acteurs multiples. En effet, pour prendre une décision adaptée, il est nécessaire de suivre tout un processus de décision. Il propose un processus en trois étapes ; il s'agit du modèle IMC :

- « I » pour la phase d'Intelligence : l'entreprise se met à l'écoute de son environnement. Il s'agit de recueillir des informations sur l'environnement de l'entreprise. L'intelligence est prise dans le sens de perception, de compréhension du problème, et les sources d'information peuvent être internes et/ou externes.

Bruno Jarrosson parle, dans son processus de décision, de la phase d'alerte. En effet, des signaux de changement de l'environnement parviennent, qui mènent l'entreprise à envisager des changements de comportement. Il se peut par exemple que des signaux faibles donnent de nouveaux buts. Ainsi, l'entreprise commence à agir par anticipation ; l'alerte ne doit pas être comprise uniquement comme un signal de danger mais aussi et surtout comme un signal d'opportunité.

- « M » pour la phase de modélisation (ou de conception)[9] : le décideur va recenser tous les scénarios possibles pour résoudre le problème posé sur la base de l'ensemble des informations collectées lors la phase précédente.
- « C » pour la phase de choix : il s'agit de sélectionner la meilleure solution compte tenu des diverses contraintes posées.

Dans cette phase, Bruno Jarrosson distingue deux étapes : celle de l'acte, qui anticipe le choix, et au cours de laquelle le décideur se sent capable de passer à l'action, de décider. Et enfin, la phase de l'exécution de la décision.

D'autre part, il peut exister une quatrième phase, la phase d'évaluation, pour confirmer ou infirmer les choix effectués. Quoi qu'il en soit, le décideur ne prend jamais la décision toute seule, car il se situe dans un environnement complexe (H. Simon). Il ne peut pas prendre en compte toutes les données, et par conséquent, la décision ne peut être rationnelle et optimale ; il s'agit d'une rationalité limitée.

Chacun des acteurs, intervenus au cours du processus de décision, a eu un comportement parfaitement rationnel par rapport à ses propres points de vue. Les techniciens ont été rationnels du point de vue technique ; les financiers ont été rationnels du point de vue budgétaire ; les commerciaux ont été rationnels du point de vue des objectifs de chiffre d'affaires, etc. Hélas, si chaque décideur s'arrête effectivement à une décision qui lui paraît satisfaisante, rien ne garantit la convergence de chacune d'elles. Pour Jean Montgolfier et Patrice Bertier, la succession de toutes les rationalités partielles ne donne pas une rationalité globale. Une suite de décisions, localement rationnelles, forme a priori un processus aberrant. Cela n'est pas toujours valable, dans la mesure où la décision est un processus, un système, et donc un enchainement d'opérations liées entre elles par des rapports de forces et de logique, ayant un but commun. Ici, se pose le problème de la décision individuelle ou collective.

---

[9] Cette phase est appelée par Bruno Jarrosson : la phase d'instruction, au cours de laquelle, une fois l'alerte est déclenchée, et après avoir rassemblé l'information disponible sur le sujet, il convient de traiter et analyser cette dernière à l'aide des experts.

6.3. Le partage de l'information et la prise de décision

Selon H. Simon, la décision est considérée moins comme le résultat d'un choix, que comme le processus cognitif et l'acte social d'élaboration et de sélection progressive de solutionnement d'un problème :

- La décision est un processus cognitif : c'est-à-dire un processus où l'on peut repérer les trois phases interactives du modèle IMC.

En fait, la modélisation systémique permet une représentation de l'organisation dans sa totalité comme un objet actif et structuré, évoluant dans un environnement par rapport à une finalité.

L'objet ainsi modélisé (comme un système) est composé de trois sous-systèmes :

- Le système opérant, au sein duquel interviennent les processus assurant effectivement l'activité du système organisationnel dans son environnement ;
- Le système d'information qui mémorise les informations que l'organisation génère par ses transformations internes ou ses échanges avec l'environnement.
- Et le système de pilotage (ou de décision), qui intervient sur le système opérant, de façon à l'aiguiller en fonction des finalités de l'organisation.
- La décision est un acte social : c'est-à-dire un acte qui, d'une part, met en jeu un ensemble d'acteurs ou d'intervenants ayant des finalités et qui, d'autre part, intervient dans un système organisationnel. En effet, comme le note H. Simon : « il devrait être tout à fait évident que presque aucune décision prise dans l'organisation n'est le fait d'un seul et unique individu. Même si la responsabilité finale de telle ou telle décision incombe à une personne définie, nous trouverons toujours, en étudiant la manière dont la décision a été prise, qu'il est possible de faire remonter ces composantes à travers les circuits de transmission formels et informels jusqu'aux nombreux individus qui ont contribué à en former des prémices. Une fois que nous avons identifié la totalité de ces composantes, il peut paraître que la contribution de l'individu responsable de la décision formelle est vraiment très mineure ».

Par contre, la décision n'est pas prise par un seul opérateur mais par un ensemble de personnes. Selon Bernard Besson, la culture de l'information chez les anglo-saxons entraîne le partage de l'information. En France, il existe encore une rétention de l'information, une sorte de protection de soi-même par non délivrance d'informations que l'on connaît, alors que d'autres cultures privilégient une transmission rapide des connaissances, car, en principe, la particularité de l'information est qu'elle est un bien économique et non rival. Cela veut dire que sa consommation par un utilisateur supplémentaire ne réduit pas sa quantité disponible. Bien au contraire, l'information se multiplie en se recoupant avec d'autres. La diffusion de l'information est donc facteur de développement économique accéléré, alors que sa rétention conduit à une perte de bien pour la collectivité. Nous revenons à notre question : la décision doit-elle être individuelle ou collective ?

Toute personne ayant prérogative à prendre des décisions au sein d'une organisation doit être informée. Autrement dit, la prise de décision rime avec le partage d'information. Mais la réalité est loin de cette conscientisation. Le problème de la circulation et du partage de l'information est toujours présent, que ce soit au Maroc ou ailleurs.

À ce propos, E. Enriquez disait : « il y a des décisions prises en groupe qui sont en fait des décisions individuelles, et il y a parfois des décisions individuelles qui sont de vraies décisions de groupe ». Ainsi, prendre des décisions, individuellement ou collectivement, le problème ne se pose pas à ce niveau, mais plutôt au niveau de la capacité de travailler en groupe, pour servir toute la stratégie de l'entreprise. En effet, les personnes qui se sont habituées à travailler en groupe, peuvent décider même si elles sont contraintes par le temps ou les circonstances, en tenant compte d'une sorte de mentalité de groupe qui fait corps.

D'un autre côté, les acteurs de l'entreprise développant un esprit de groupe fort, sont capables de faire face aux différents changements de l'environnement, avec un esprit de partage de connaissance très poussé. Cette performance est malheureusement éphémère, parce que les relations sont cloisonnées. C'est l'individualisme qui prime et chacun essaie d'accumuler le savoir dans son coin. Nous pouvons dire que le management de l'information, ou encore le partage des informations, sont un défi d'ordre culturel. Et comme disait Monsieur Alain Juillet, l'IE est un état d'esprit.

6.4. Définition de la connaissance

L'information diffusée doit faire l'objet d'une aide à la prise de décision, que ce soit au niveau tactique, ou opérationnel (au niveau de chaque département), ou stratégique (au niveau du système d'information global de l'entreprise). De plus, la valeur de ces informations varie plus ou moins dans le temps. Ainsi nous distinguons les informations considérées comme invariables à l'échelle de la dynamique de prise de décision (gammes, nomenclatures, coûts et capacités théoriques de production, stockage et transport), informations mises à jour de façon événementielle (aléas de production ou de transport), les informations mises à jour périodiquement qui proviennent du suivi de la production décrivant l'état du système à un instant donné (niveaux de stock, en-cours de production, de transport, etc.).

En effet, le décideur se base sur les informations pour prendre une décision (tactique, opérationnelle ou stratégique). Au fil du temps, elle devient un élément acquis par le décideur et par les différents utilisateurs. Dans ce cas, nous ne parlons plus d'une simple information, mais plutôt d'une connaissance acquise à travers l'exploitation et l'utilisation de l'information dans divers contextes.

Schéma 4 : Deuxième phase du processus de transformation des données « la valeur de l'information »

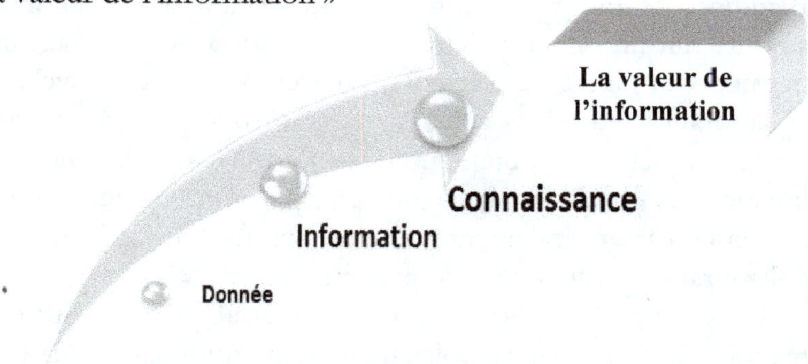

Source : Jean-Louis Monino et Gilles Lucato ; op.cit.

La connaissance est donc l'ensemble des informations interprétées par l'entreprise lui permettant de passer à l'action et par conséquent, de prendre des décisions[10]. Dans ce cadre, nous pouvons proposer une approche de la connaissance comme étant une modélisation comprise de l'information, par l'écriture suivante.

Taylor a fait également cette distinction, en parlant de la valeur de l'information. C'est-à-dire qu'en commençant par une donnée, cette

[10] Jean Louis Monino, 2012, « L'information au cœur de l'intelligence économiques stratégique». Réseau de Recherche sur l'Innovation, Document de travail, N°27. A paraître dans les actes du colloque de Kenitra – chez le Harmattan février 2013.

dernière acquiert de la valeur tout au long de son évolution, pour atteindre en fin de compte l'objectif à exprimer une action pour prendre une décision.

À ce niveau du processus d'IE, nous raisonnons en terme de connaissances et non pas en terme d'informations. En effet, la gestion des connaissances a connu, selon David. A, trois étapes d'évolutions tant sur les enjeux que sur les défis techniques et managériaux. Elle est née d'un objectif fortement centré sur la conservation des connaissances. Puis, elle s'est orientée vers l'utilisation et la réutilisation de ces dernières dans d'autres contextes. Cette idée a été renforcée par Grundstein, qui considère que les approches de gestion des connaissances ont évolué, et remarque que les questions technologiques et managériales prennent peu en considération les personnes, qui sont pourtant paradoxalement les acteurs principaux de ces approches.

En effet, nous remarquons que ces approches évoluent en privilégiant aujourd'hui la nature relationnelle, sociale et humaine de la connaissance. Ainsi, les enjeux de la gestion des connaissances évoluent d'une idée de stockage à une logique de flux favorisant les interactions. Selon Ageron Blandine, Marie-Lyne Goury, A. Spalanzani, la collaboration devient aujourd'hui un enjeu majeur pour la gestion des connaissances car elle permet de placer les acteurs au centre de leur cycle de vie. La collaboration entre les acteurs nécessite une conscience collective, qui fait référence aux objets utilisés pour accomplir une tâche et aux interactions sociales dans un groupe. Un manque de conscience collective est généralement présenté comme une difficulté majeure à la collaboration au sein des équipes virtuelles.

Par exemple, McMahon et al. (2004) soulignent les difficultés liées au manque de conscience collective en mentionnant que la plupart du temps, l'information existe au sein de l'organisation mais que les ingénieurs ne le savent pas. Un renforcement de la conscience collective entre les membres d'une équipe facilite donc leur collaboration et favorise le partage des connaissances. Selon Cohen et Roussel, la collaboration est un moyen utilisé par les entreprises au sein d'une supply chain, pour travailler ensemble et atteindre des objectifs communs, en partageant des idées, des informations, du savoir-faire, les risques et la valeur ajoutée.

Le contexte collaboratif est un facteur essentiel pour stimuler et dynamiser le partage de connaissances et de savoir-faire au sein des organisations. Nous pouvons dire que gérer les connaissances, c'est apprendre à collaborer ensemble pour concevoir des nouvelles pratiques innovantes pour le développement durable au sein de l'entreprise. Et si l'information est considérée comme un flux de messages, en quelque sorte la donnée brute interprétée, alors la connaissance, quant à elle, est créée et organisée par un flux d'informations codées. Elle s'enracine dans le système de valeurs de l'individu et elle suppose des actions stratégiques qui se situent à un autre niveau plus avancé. Nous remarquons alors que cette exploitation donne encore plus de valeur à l'information. Par conséquent, cette dernière doit être protégée.

6.5. Protéger l'information

La sécurité de l'information est également un aspect fondamental du processus d'IE. Il ne suffit pas d'obtenir la bonne information au bon moment, de l'analyser et de l'intégrer dans le processus de décision, mais également de la protéger. L'entreprise doit être consciente que ses concurrents doivent pouvoir trouver autant d'informations sur elle qu'elle sur eux. Il y a alors une prise de conscience du besoin de protection nécessaire des informations quand l'entreprise se met à la place du concurrent. Cette empathie est bénéfique pour elle puisqu'elle invite à une remise à plat des politiques de communication et de confidentialité.

Il faut savoir que toute information concernant une entreprise, une fois publiée par exemple sur Internet, ne lui appartient plus. Et plus l'information a de la valeur (connaissance), plus elle devient vulnérable et a besoin d'être protégée contre :

- les failles du système informatique ;
- le détournement de courriel ;
- le vol de supports contenant des informations ;
- l'interception de communication ;
- l'abus des employés.

C'est le paradoxe des nouvelles technologies qui permettent de gagner en efficacité et en productivité avec la multiplication des connexions nomades, qui repoussent les frontières de l'entreprise, mais augmentent les risques. C'est pourquoi l'entreprise a besoin d'une stratégie de sécurité qui identifie les menaces, les vulnérabilités, voire les niveaux de risque admissibles.

En effet, la mise en place d'un système pertinent de sécurité nécessite une classification stricte des informations car certaines n'ont aucune valeur stratégique. Cela permet de déterminer les besoins en sécurité, c'est-à-dire identifier avec précision les informations qui doivent être protégées de celles dont la circulation ne présente aucun risque. Ainsi, la confidentialité de l'information doit être dosée, sans être totalement paranoïaque. A cet effet, des réflexes sont à prendre comme par exemple :

- ne rien laisser sur le disque dur d'un ordinateur portable ;
- utiliser des disques durs amovibles ;
- réduire les risques de vol en nettoyant son disque dur, en bloquant son démarrage ;
- offrir des formations de bienséance pour sensibiliser les acteurs de l'entreprise.

Il est à noter que la politique de sécurité concerne tout le personnel de l'entreprise. Chacun doit s'engager à respecter les mesures et les procédures mises en œuvre pour la protection de l'information, de manière à ce que chaque service assure une partie de la protection. Là encore, se pose le paradoxe entre le partage et la sécurisation des informations. Il nous faut dire et redire que l'information prend sa valeur uniquement dans la réactivité de son exploitation et sa diffusion, ce qui peut entraver la démarche de l'IE. La thésaurisation de l'information est cependant encore répandue et encourage certains responsables à vouloir s'accaparer toute la démarche de l'IE dans leur entreprise sous couvert de « confidentialité ».

Il faut encourager une culture de partage de connaissance ; ceci implique que l'ensemble du personnel, notamment à travers des formations de sensibilisation, dans la mesure où il faut savoir identifier ce qui doit être confidentiel. Bruno Martinet et Yves-Michel Marti définissent le lien entre information et pouvoir : « Il faut faire passer le message que l'information en elle-même n'est pas le pouvoir : c'est utiliser l'information qui donne le pouvoir, et plus on donne et on échange de l'information, plus on en reçoit ». En partageant l'information, l'entreprise prend de bonnes décisions, et en prenant de bonnes décisions, elle réussit à agir et réagir sur son environnement. C'est cette action que nous appelons : l'influence ou encore le lobbying.
Influencer son environnement : « le lobbying »

L'IE ne consiste pas seulement à comprendre quelque chose (par la veille) ni à protéger ce que l'on sait (en assurant la sécurité de son patrimoine informationnel). Elle suppose aussi, en plus de la capacité de décider, une capacité d'influer, sans avoir à recourir à la force ou sans promettre de contrepartie. Le « lobbying » vient du mot anglais « lobby », qui désigne un couloir, un vestibule[11].

Plus précisément, un lobby est un groupe de pression qui tente d'influer les lois, les réglementations, l'établissement des normes (industrielles par exemple), les décisions, etc. pour favoriser ses propres intérêts, économiques en général. C'est un regroupement plus ou moins formel d'acteurs qui partagent des intérêts communs ou qui appartiennent à un même secteur d'activité professionnelle. Nous parlons aussi de groupe d'intérêts ou de groupe d'influence. Le lobbying, quant à lui, désigne la pratique de ces pressions et de ces influences qui s'exercent sur des hommes politiques, sur des pouvoirs publics et, plus largement, sur des décideurs.

Nous pouvons dire alors que le lobbying, est une action d'une personne sur une autre, donc c'est une activité humaine naturelle, innée et aussi intuitive. Par ailleurs, l'action du lobbying rend un grand service à l'entreprise grâce aux flux de retour d'informations, soit au niveau opérationnel soit au niveau stratégique. Ce qui permet d'évaluer les résultats obtenus et, par conséquent, d'agir efficacement en mettant en place de nouvelles techniques de livraison, de nouvelles procédures de production, de nouvelles dispositions de surveillance du marché/clients/fournisseurs, etc.

Ce retour d'informations est nécessaire pour connaitre ce qui se passe au niveau de chaque sous-système. Il faut remonter les anomalies qui peuvent y avoir en temps réel, pour ne pas bloquer l'enchainement des opérations de l'entreprise. Dans ce cadre, l'actualisation de la valeur des informations est donc un facteur dominant pour la prise de décision. Cette mise à jour des données représentatives de l'état du système est assurée par le suivi des opérations de l'entreprise. Elle constitue un feed-back du système piloté vers le centre de décision, qui détecte les dérives entre les résultats réels des activités réalisées et les résultats ciblés par le plan prévisionnel.

Dans un tel cadre, la réactivité de l'entreprise traduit la rapidité du processus décisionnel devant l'apparition d'un aléa de fonctionnement ou les sollicitations non prévisibles de l'environnement. C'est grâce à cette influence que l'entreprise, à travers son système d'information, peut réorienter sa stratégie et sa vision à court, moyen et long termes, ce qui lui demande de chercher de nouvelles informations au profit de ses

[11] Vers 1830, en Angleterre, « lobby » désignait les couloirs de la Chambre des communes où les membres des groupes de pression pouvaient venir discuter avec les parlementaires.

opérations. Ainsi l'IE peut-elle procéder par itération en un cycle vertueux qui intervient régulièrement au niveau opérationnel comme au niveau stratégique.

Conclusion

Le partage d'information est une réalité face à laquelle les entreprises doivent réagir consciemment. Il représente un facteur de développement économique accéléré, alors que sa rétention conduit à une perte de bien pour la collectivité. En parallèle de ce partage, il ne faut pas oublier d'identifier les informations susceptibles d'être diffusées, des informations stratégiques présentant un avantage concurrentiel pour l'entreprise. Cela demande tout un travail de sensibilisation pour développer un esprit et une culture de travail en groupe, dans un cadre d'intelligence collective. Devant ce constat, on revient à ce qu'a dit Mr Alain Juillet : « l'IE est un état d'esprit », et c'est tout un état d'esprit qu'il faut changer.

BIBLIOGRAPHIE

ABDELMAJID, I., 2006, *Décision chez H. Simon, prix Nobel d'économie 1978 : une œuvre féconde,* n°10, Economica.

AGERON, B., MARIE-LYNEGOURY, A. SPALANZANI, 2010, *Le Knowledge Management appliqué aux problématiques de développement durable dans la Supply Chain,* Étude réalisée par le Centre d'Études et de Recherches Appliquées à la Gestion. CNRS, Cahier de recherche n°2010-03 E5. Version 1.

AUDIGIER, M., COULON, G., RASSAT, P., 2003, *L'intelligence économique : un nouvel outil de gestion*, Maxima, Paris.

BAUMARD, P., 1997, L'information stratégique dans la grande organisation, *Système d'information et management*, vol 2, N°2.

BESSON, B., POSSIN, J.-C., 1996, *Du renseignement à l'intelligence économique*, Dunod, ISBN : 2-10-003220-8, Paris, p. 224.

BESSON, B., 2006, Entretien avec Bernard Besson, in *Revue Les cahiers de l'orient*, N°83.

COHEN, S., ROUSSEL, J., 2005, *Avantage supply chain*, Éditions d'Organisation, Paris.

COHEN, C., 2007, Intelligence et performance : mesurer l'efficacité de l'intelligence économique et stratégique et son impact sur la performance de l'organisation, *Revue Vie et Sciences Économiques*, Intelligence économique et performance des entreprises, Numéro spécial, pp. 174-175.

GUERRAOUI, D., RICHET, X., 2005, *Intelligence Économique et Veille Stratégique*, Défis et stratégies pour les économies émergentes, 1ère Edition.

HUSSEIN, S., MARYSE, S., 2003, *Une classification des besoins en Intelligence Économique exprimés par les dirigeants des PME*, Communication à la conférence IERA (Intelligence Économique : Recherches et Applications), Nancy, France.

JARROSSON, B., 1994, *Décider ou ne pas décider : réflexions sur les processus de la décision*, Maxima, Paris.

LEINONEN, P., JÄRVELÄ, S., HÄKKINEN, P., 2005, Conceptualizing the awareness of collaboration: A qualitative study of a global virtual team, *Computer Supported Cooperative Work* (CSCW), vol. 14, N°4, pp. 301-322.

MARTINET, B., RIBAULT, J.M., 1998, *La veille technologique, concurrentielle et commerciale*, les éditions d'organisation, Paris.

MARTRE, H., CLERC, P., HARBULOT, CH., 1994, *Commissariat général du Plan*, Rapport du Groupe Intelligence économique et stratégie des entreprises.

MONINO, J.L., 2013, *L'information au cœur de l'intelligence économique stratégique*, Réseau de Recherche sur l'Innovation, Document de travail. N°27.

MONINO, J.L., LUCATO, G., 2006, *Manager l'information : comment faire aujourd'hui ?,* Les matins de la cité, La CCI de Montpellier.

MONINO, J.L., 2010, *Intelligence économique et gestion des connaissances*, Maison des Sciences de l'Homme, Montpellier.

PATEYRON, E., 1998, *La veille stratégique*, Edition Economica.

PERRINE, S., 2006, *Intelligence économique et gouvernance compétitive*, La documentation française, Paris, p. 274.

PIMOR, Y., FENDER, M., 2008, *Logistique : production, distribution, soutien*, Dunod, Paris.

RAIMUNDO, N., DOS SANTOS, M., 2005, *Rationalisation de l'usage de la classification internationale des brevets par l'analyse fonctionnelle, pour répondre à la demande de l'information industrielle*, Thèse de doctorat, Université de Droit, d'Économie et des Sciences d'Aix-Marseille III.

ROUSSAT, C., FABBE-COSTES, N., 2008, *Une démarche d'exploration prospective : le processus d'intelligence logistique*, Management & Avenir, n°17, pp. 185-204.

TANYERES, D., 2009, *L'intelligence économique, de quoi parle-t-on ?*, Université Montpellier 1.

TERRITOIRE COMME ESPACE D'ATTRACTIVITE ET DE DECLINAISON DE L'INTELLIGENCE ECONOMIQUE EN INTELLIGENCE TERRITORIALE

Mohamed TORRA
Enseignant chercheur
Faculté des Sciences Juridiques, Economiques et Sociales,
Université Ibn Tofail – Kenitra, Maroc

Introduction

Dans une société dite d'information et de connaissances, « le partage des connaissances et le droit au savoir sont au centre des débats sur la diffusion des savoirs au sein des sociétés développées et en développement » (Gdoura, 2005, p. 37). Or, « la création et la diffusion des connaissances reposent sur l'existence des relations sociales, de partage d'identité et de langages communs » (Di Biaggio et Meschi, 2010, p. 13). Dans ce cas, ce n'est pas question seulement, d'un accroissement de la quantité d'information mais aussi, la réduction de cette quantité par des regroupements pertinents. En effet, « trop d'information tue peut être l'information » (Bougnoux, 1993, p. 11).

Actuellement, dans un contexte de mondialisation, les acteurs, dans leurs territoires, se trouvent confrontés à de nouvelles menaces et opportunités dont la maitrise dépend de la production des connaissances et du savoir. Pour rester compétitifs, ils doivent s'organiser et se structurer en fonction des nouvelles ressources informationnelles, considérées déterminantes dans les sociétés de connaissances. Cela nécessite une création de synergie et de partager des ressources, des décisions, des bénéfices de leur action collective. Ils sont appelés donc à rechercher à travers ces liaisons, la façon qui leur permette de promouvoir et de valoriser les territoires, en vue de consolider leur attractivité.

Ce qui fera le point sur l'efficacité de l'action des acteurs dans leurs territoires à travers la production des connaissances et des savoirs et leur partage, et ce dans le but d'améliorer leur attractivité territoriale et leur compétitivité. D'où le concept d'intelligence territoriale (IT), qui implique le recours à la notion de « territoire » considéré comme un espace de déclinaison des actions des acteurs locaux et d'attractivité.

L'IT est généralement assimilée dans certains travaux de recherche à l'expression d'intelligence économique territoriale, qui a surtout émergé à la suite d'applications spécifiques du concept d'IE aux territoires. Cette dernière correspond à des préoccupations plus récentes que celles de l'IE considérée comme son concept géniteur. De même la notion de Knowledge Management (KM) sera mise en perspective pour éclaircir l'IT et donner des pistes de réflexion à la conception de son dispositif et sa mise en place.

Vu l'importance de ces concepts dans notre cadre d'analyse, l'objectif de la présente recherche est d'éclairer et de présenter les modalités qui permettent de rationaliser la collecte de l'information nouvelle et son traitement, la production des connaissances et leur partage entre les différents utilisateurs. L'enjeu est de permettre aux acteurs dans leurs territoires, d'anticiper le changement et formuler en temps réel, des stratégies pour construire et défendre durablement leur avantage compétitif.

Dans cette perspective, cet article sera structuré en trois parties. La première porte sur l'émergence du concept de l'IE, ses origines et ses définitions. On présentera tout d'abord, une perspective historique des modalités de construction de ce concept. Ensuite, on passera aux modalités de sa contribution à la construction d'une approche centrée sur l'information, la connaissance et la communication.

La deuxième partie porte sur la notion de territoire en tant qu'espace de déclinaison de l'IE en une IT. Dans un premier lieu, nous définirons cette notion en tant qu'espace d'action des différents acteurs, et pour connaitre le territoire, valoriser ses richesses et permettre à ses acteurs d'établir des rapports pour agir ensemble dans le cadre d'une action collective en vue de relever les défis. On montrera dans un deuxième lieu la mesure dans laquelle cette notion peut être envisagée comme un espace pertinent pour organiser les dispositifs de l'IT. Enfin, on s'intéressera dans la troisième partie à une réflexion sur des fondements et principes pour concevoir et mettre en place au service des acteurs locaux un dispositif [12] d'IT.

[12] D'après Le Petit Robert le terme dispositif signifie un « ensemble de pièces constituant un mécanisme, un appareil quelconque ; ensemble de moyens disposés conformément à un plan ». À un niveau supérieur d'abstraction le terme est synonyme d'agencement d'éléments humains ou matériels réalisé en fonction d'un but. Ce terme est fréquemment utilisé dans les interfaces homme-machine.

1. Le concept de l'intelligence économique : origines et définitions

Avant de passer à la présentation des concepts liés au territoire et à l'IT, il est nécessaire de définir la notion d'IE qui mérite d'être étudié, pour pouvoir comprendre et formuler l'expression de l'intelligence économique territoriale. Pour cela, il est ambitieux de le présenter selon une vision historique avec référence aux sciences économiques et sciences de gestion. Ses liens avec d'autres concepts voisins notamment anglo-saxons seront tout d'abord examinés.

1.1. Historique de construction du concept d'intelligence économique

Le terme d'IE trouve ses origines dans le domaine militaire. Par la suite, son utilisation s'élargissait au domaine économique. Suite aux travaux de Franck Bulinge (2002), deux visions se distinguent : l'une relative à la maîtrise d'un service de renseignement dédié à la chose militaire, l'autre aux capacités économiques des pays. Ceci exprime l'importance accordée aux activités ayant finalités économiques par les activités de renseignement militaire. Cette signification s'inscrit dans l'optique anglophone d'« Economic Intelligence », signifiant du renseignement économique.

D'après Larivet (2000), et Bulinge (2002), une première utilisation du terme de « Business Intelligence » était pour qualifier « un système de communication servant à la conduite des affaires » datait, selon Luhn (1958), entre 1958 et 1967. D'après Larivet (2000), deux nouveaux concepts allaient voir le jour en 1967 : « Organizational Intelligence » de H. Wilensky (1967) et « Scanning the business environnement » de F.-J. Aguilar (1967).

D'autres termes et expressions avaient été proposés et définis selon J. Prescott (1999) durant cette période, principalement « Environmental Scanning » de G. Albaum (1962), qui peut être assimilé à la première expression du concept de Veille, et « Marketing Intelligence » de W.J. Guyton (1962). La deuxième période a été marquée par la construction du concept d'IE, et remonte selon A. Pode (2005) au début des années 1980 avec l'apparition de l'ouvrage de Michael Porter (1980) « The Competitive Strategy ». Les spécialistes de la « Competitive Intelligence » avaient fourni des efforts en vue de se démarquer de la mauvaise image d'espions que connote l'appellation résultant de l'emploi de ces expressions. La troisième période de développement de ce concept remonte, selon J. Prescott, à la fin des années 80 et se continue au moins jusqu'à nos jours.

Les actions de « Competitive Intelligence » s'intéressent, principalement, à la prise de décision stratégique et à son influence sur celle-ci. C'est au cours de cette période que le concept d'IE a connu le début de son assimilation et son utilisation dans plusieurs pays[13]. Dans le cadre de cette vision historique, Franck Bulinge a pu montrer dans le cas de la France, à travers un modèle généalogique, le champ multidisciplinaire des notions qui ont contribué au développement du concept d'IE. Ainsi, il l'a défini à la base de ce modèle comme : « un système issu de divers champs et disciplines scientifiques, et combinant une méthodologie, une organisation et des outils » (Bulinge, 2002, p. 17).

En France, d'Alain Juillet (responsable de l'intelligence économique) fait de l'utilisation de ce terme en 2004, comme l'expression d'un concept plus large. Il peut avoir pour origine d'autres concepts francophones tels que les concepts de renseignement, de vigilance, de veille et, des expressions anglophones comme : « Competitive Intelligence », « Business Intelligence », « Market Intelligence » et « Corporate Intelligence ».

1.2. L'influence de l'économie et de la gestion

Les applications de l'IE qui en seront déduites utiliseront souvent des outils dits de Benchmarking[14]. Cependant, les travaux de M. Porter constituent la référence couramment citée lorsqu'il s'agit de rechercher à démontrer la contribution des approches de voie économique à la construction et à la maitrise.

L'approche concurrentielle, par exemple, concerne la recherche d'un positionnement stratégique de l'entreprise ou de l'organisation par rapport à son marché et ses concurrents. Les approches de management (l'influence de KM de la gestion) tendent à considérer l'IE comme une démarche au sein d'une organisation dans sa globalité et non plus seulement le groupe de décision. Elle devient une « capacité à combiner

---

13Avec l'apparition de l'ouvrage B. Martinet et J.M. Ribault (1988) en France, de celui de B. Sandström (1988) en Suède selon Dahlberg et Svenungsson (2000) et de celui de E. Yoon (1988) en Corée du Sud d'après Kim (2004).

14 Ce terme signifie : « un processus de recherche systématique des meilleures pratiques et des innovations dans le but de les adopter, les adapter, et les appliquer pour une plus grande performance de l'entreprise » (Achard et Bernat, 1998, p. 234).

efficacement des savoir-faire et des compétences internes et externes, en vue de résoudre un problème productif inédit » (Colletis, 1997).

Ces approches sont aussi liées à celles du management stratégique de l'entreprise qui ont accordé une place considérable à la veille en tant qu'une attitude plus ou moins organisée d'écoute des signaux provenant de l'environnement de l'entreprise et susceptible de mettre en cause ses options stratégiques (Martinet et Ribault, 1989).

En plus, l'approche décisionnelle, ayant pour objet les processus de décision stratégiques, a fortement contribué au développement et à l'assimilation du concept de l'IE. Selon cette vision, les fonctions de cette dernière permettent de prendre des décisions pertinentes en apportant des informations stratégiques ou de hautes valeurs. Dans cette optique, l'intelligence économique et stratégique est une « démarche organisée, au service du management stratégique de l'entreprise, visant à améliorer sa compétitivité par la collecte, le traitement d'informations et la diffusion de connaissances utiles à la maîtrise de son environnement (menaces et opportunités) ; ce processus d'aide à la décision utilise des outils spécifiques, mobilise les salariés, et s'appuie sur l'animation de réseaux internes et externes » (Bournois et Romani, 2000).

1.3. L'influence exercée par la signification des termes anglo-saxons

D'autres influences ont fortement contribué à la construction de ce concept, telles que la polysémie du mot Intelligence en anglais. En effet, il est influencé par la signification des termes anglo-saxons, notamment la « Compétitive Intelligence » des américains, J. Baud (1998) qui se sert du concept d'Economic Intelligence (renseignement économique). Dans ce cadre, l'IE a pu dépasser la perception classique comme une activité de renseignement, pour avoir une autre en tant qu'activité de gestion de réseaux d'acteurs dans une perspective, non seulement d'acquisition d'informations, mais surtout de communication, de décision, d'action et de pilotage.

Pour cerner le concept « intelligence », il est nécessaire de clarifier la notion de veille stratégique souvent confondue avec celle d'intelligence. D'ailleurs, au moment où les pays anglo-saxons font un usage courant des termes « Economic Intelligence, Business Intelligence, Compétitive Intelligence », cette notion a connu, dans les années 1970, un large développement aux États-Unis sous les appellations de « environnemental scanning, strategic scanning, business intelligence ».

L'intelligence a donc pour rôle de modifier et d'influencer l'environnement.

Contrairement à la veille stratégique (VS), l'IE apparaît non pas comme un dispositif de recherche d'informations mais comme un processus de production de connaissance. Cependant, la différence notable entre VS et IE réside dans la modification de l'environnement que vise cette dernière (Larivet, 2001). La veille se différencie de l'intelligence en s'interdisant de modifier l'environnement sur lequel elle exerce une observation continuelle (Baumard, 1991).

Dès lors, l'IE ne peut être qu'un mode de management différent du processus de veille. En effet, elle est plus globale et génère une culture collective de management de l'information avec le souci de participer plus activement au processus de décision stratégique.

Historiquement, plusieurs disciplines, principalement les sciences économiques et les sciences de gestion, ont contribué à l'émergence et à la construction du concept de l'IE. Il en est de même pour la signification de certains termes anglo-saxons notamment la Compétitive Intelligence des américains, et le concept anglais Economic Intelligence. Ainsi, les auteurs emploient diverses définitions du concept de veille ou d'intelligence en fonction de leur objet de recherche et appartenance disciplinaire.

2. Définitions et outils

Avant de définir l'intelligence, on doit se donner d'abord quelques précisions sur des notions « renseignement », « information et connaissance ».

2.1. Définitions

Les définitions de l'IE se référencient souvent aux notions « renseignement », « information » et « connaissance ». Peut-on alors faire appel à l'intelligence informationnelle en tant qu'un champ théorique et expérimental pour toute approche centrée sur l'information ?

En effet, informer c'est donner une forme; ainsi, l'information peut être définie comme consistant à rendre significatif un ensemble de faits (Chantal Bussenault, 1978). Sur le plan organisationnel, ce terme recouvre une double réalité. Du point de vue du technicien, l'information peut être représentée par n'importe quel signe qui pourra être transmis et stocké. Il s'agit là de la conception mécaniste, par exemple comptable avec l'informatique. En ce qui concerne l'utilisation de l'information, M. Chokron et R. Reix (1987) distinguent quatre formes d'usages possibles : instrument de support et de coordination des processus de gestion ; instrument de communication dans l'organisation ; support de connaissance des individus, et instrument de liaison avec l'environnement. Quant au qualificatif économique, il précise le domaine économique considéré comme objet d'étude, d'analyse et de collecte d'informations. En plus ce qualificatif permet de s'éloigner du terme renseignement fortement lié à l'espionnage.

Ainsi, l'intelligence informationnelle est définie par Bulinge et Agostinelli (2005) comme : « une capacité individuelle et collective à comprendre et résoudre les problématiques d'acquisition de données et de transformation de l'information en connaissance opérationnelle, c'est-à-dire orientée vers la décision et l'action ». Cette définition s'appuie sur les notions d'autonomie informationnelle et d'écologie de l'information. Elle peut être envisagée comme un champ théorique et expérimental commun au renseignement, à l'IE et également à toutes les approches centrées sur l'information comme support de décision.

En fait, la forme la plus basique de l'information est la donnée, définie comme « des perturbations décrivant des gens, lieux, objets ou événements qui, une fois assemblées, transformées, ou placées dans un contexte spécifique, deviennent une information pour l'utilisateur » (Gravel, 1984, p. 11). Le traitement des données génère des renseignements, c'est-à-dire des nouvelles formes de données, et ne conduit pas automatiquement à l'information. Cette dernière est le résultat de l'insertion de l'interprétation des données et des renseignements dans un contexte spécifique de signification. Enfin, contrairement aux travaux anglo-saxons, l'information n'est pas la connaissance (Thépaut, 2002). Cette dernière désigne l'ensemble des schémas conceptuels et des représentations stables de la réalité (Escarpit, 1976, p. 59). Donc, l'information renouvelle, selon Buckland, 1976, les connaissances et apporte, d'après Le Moigne de la nouveauté aux connaissances.

Les développements précédents montrent que le concept d'IE ne peut être qu'assimilé à un ensemble de considérations informationnelles destinées à améliorer les performances d'une organisation, en rendant plus évidente et efficace la manière dont elle gère et protège cet environnement informationnel en relation notamment avec ses processus de décision.

En 2010, Christian Coutenceau et sept autres chercheurs considèrent la notion d'IE, qui date de 1967, comme une activité de production de connaissance servant les buts économiques et stratégie d'une organisation, recueillie et produite dans un contexte légal et à partir de sources ouvertes.

Les différentes définitions sont souvent composées de deux parties dont l'une est dédiée à l'IE en tant que produit et une autre partie la considérant en tant que démarche, capacité ou processus. L'intelligence a donc un rôle de modification et d'influence de l'environnement. Dès lors, on peut dire qu'elle est un mode de management qui diffère du processus de veille parce qu'elle est plus globale et génère une culture collective de l'information accompagnée d'actions offensives et d'influences, avec le souci de participer plus activement au processus de décision stratégique.

2.2. Principaux outils

Afin de cerner non seulement le contenu et les contours mais aussi les processus et les objectifs de l'IE, il est essentiel de passer en revue ses principaux outils.

- Les outils d'aide à la définition du besoin informationnel, selon les demandeurs, les situations, l'urgence et les demandes d'informations.
- Les outils d'aide à la collecte d'informations qui correspondent à tous les moteurs de recherche, les outils de collecte, de surveillance et/ou d'alerte et de gestion des bases de données selon certains critères de pertinence et de changements, etc.
- Les outils d'aide au traitement et à la production des connaissances et à leur analyse tels que les outils de datamining, de bibliométrie et tout autre logiciel de statistiques, les outils de cartographie d'acteurs, de veille thématique d'échange, des outils d'aide au classement des données ou des documents, les outils de simulations…
- Les outils d'aide à la diffusion de l'information dont principalement les outils d'aide à la rédaction, les outils de partage d'informations et des connaissances, de rétroaction, etc.

- Les outils d'aide à la protection du patrimoine principalement, afin de contrecarrer toutes les agressions extérieures ou les fuites d'informations sensibles.

De ce fait, l'IE est axée, d'une part, sur l'acquisition et l'utilisation des informations et des connaissances extérieures jugées nécessaires à l'organisation, et d'autre part, sur la protection de son patrimoine informationnel afin d'éviter d'éventuelles fuites vers l'extérieur. Elle s'intéresse aussi aux connaissances internes, et leur diffusion entre les utilisateurs pour prendre des décisions stratégiques. Elle couvre donc la collecte et la gestion d'informations qui s'avèreront stratégiques pour la prise de décision à moyen ou à long terme.

3. Du concept d'intelligence économique au concept d'intelligence territoriale

L'intelligence territoriale peut être une forme d'application de l'IE aux territoires, et ne peut être dissociée de la gestion des connaissances du territoire, qui sont considérées comme une base déterminante pour la prise de décision des acteurs d'un territoire.

3.1. Le territoire : un espace de liens et de coordination entre acteurs

Le territoire s'envisage peu à peu comme un espace où l'action peut être, à la base des connaissances, organisée et rendant parfois nécessaire le développement d'un système d'information et de communication élargie au territoire.

Qu'est-ce qu'un territoire ?

Raulet-Croset (2008) propose deux catégories d'acceptions du territoire. La première distingue entre un territoire spatial, qui renvoie à une dimension matérielle et géographique, et un territoire symbolique, associé à la production de sens et à l'existence d'un sentiment commun d'appartenance. La seconde, oppose un territoire prescrit, dont les frontières et les représentants sont définis, et un territoire construit, où les acteurs ont établi des rapports avec celui-ci.

Dans sa vision large, Vincent Mandinaud (2011) souligne que « le territoire n'est pas seulement un espace géographique mais un système d'acteurs animés d'une capacité à agir en commun, mobilisant quatre registres de proximité, qui s'articulent et se complètent pour construire une volonté politique commune :

- la proximité géographique (dimension souvent présente),
- la proximité organisationnelle des entreprises (donneurs d'ordre/sous-traitants, logique des filières),
- la proximité institutionnelle et administrative (département, région, collectivités locales...),
- la proximité des réseaux de sociabilité (chambres de commerce, clubs d'entreprise, clubs Ressources Humaines...).

Cependant, certain auteur tel que J.L. Guigou, font une certaine différence entre le territoire et l'espace. Selon cet auteur dans « des conflits naît la revanche des territoires » le territoire est caractérisé par : le local, la sédentarité, le singulier, la proximité, et la fermeture. Quant à l'espace, il est caractérisé par : le mondial, le mouvement, l'universel, le réseau et l'ouverture. Le territoire constitue, selon sa vision systémique, un espace de relations signifiantes capables de dynamiser les mécanismes de coordination entre ses acteurs.

La dynamique de coordination des acteurs

Pour G. Colletis (1997), les territoires naissent lorsque la coordination des acteurs sur cet espace est rendue possible grâce à ces formes de proximité. Cette dynamique, une fois enclenchée, est de nature à favoriser l'attachement territorial des acteurs qui tentent de valoriser leur capacité de production des connaissances et de prise de décision. Cette coordination peut devenir favorable à l'essor de différents réseaux territoriaux d'innovation comme : les milieux innovateurs, les districts industriels, les systèmes productifs locaux, les clusters, et les pôles de compétitivité.

Au sein de ces réseaux, la production et le partage de l'information favorisent la communication et le partage des connaissances, qui sont reconnues comme un élément essentiel de la compétitivité. Cet attachement territorial des firmes et la formation de réseaux territoriaux d'innovation, constituent des éléments fondateurs des processus d'émergence de formes d'intelligence économique étendue au territoire. Les formes de coordination territoriale multi-acteurs peuvent être l'une des sources déterminantes de compétitivité pour ces territoires.

3.2. L'émergence de formes d'intelligence économique étendues au territoire

L'IT est apparue à la fin des années 90, sa définition n'est pas encore stabilisée. Comme le rappelle Philippe Dumas (2006) « l'expression a pris son essor en France il y a une dizaine d'années et elle se précise petit à petit, sous des formes différenciées, notamment aux côtés d'une notion qui se stabilise, celle d'IE ». Yann Bertacchini (2004) positionne l'IT entre information et processus de communication. Dans d'autres contextes, elle se propose aussi de relier la veille et l'action publique en se basant sur une démarche stratégique au service d'un projet territorial répondant à des objectifs et des questions de développement.

Selon C. Demazière et P. Faugouin, deux visions de l'IT peuvent être faites. L'une concerne les responsables d'entreprises et autres organismes, et l'autre concerne les responsables territoriaux. La première est issue de l'IE comprise comme une démarche, des méthodes et des outils propres au monde des entreprises, que certains auteurs ont cherché à adapter aux besoins des acteurs du développement économique d'un territoire. Ainsi, ils préfèrent parler d'intelligence économique territoriale. La seconde est plus large et vise l'intelligence collective indissociable de l'action collective des acteurs de développement local.

Pour la première vision, l'intelligence économique territoriale ne pourrait se définir que comme l'application du concept d'IE par des responsables d'entreprises et d'autres organismes dans un territoire ayant des intérêts communs à défendre. Ce type d'intelligence concernerait des projets qui ont en commun l'objectif d'améliorer les capacités des entreprises des territoires à travers la sensibilisation, la formation et l'utilisation des pratiques d'IE.

Sur le plan empirique, les applications sont courantes telles que la création de clusters d'entreprises, de pôles de compétitivité, de districts industriels ou de systèmes productifs locaux. Ces actions s'accompagnent de la conception et de la mise en place des dispositifs pour établir des liens informels et partager des connaissances et des savoirs et savoir-faire.

La seconde vision consisterait, par contre, en l'application du concept d'IE aux acteurs décideurs d'un territoire. Selon cette vision, le territoire est considéré à travers un découpage administratif, le concept d'IT est donc intimement lié à la notion d'IE appliquée expressément aux décisions stratégiques du territoire.

Les territoires doivent comprendre ces nouvelles exigences et développer en conséquence des démarches d'intelligence économique répondant à leurs propres besoins. Ces démarches correspondent-elles à une simple déclinaison de l'intelligence économique nationale ?

3.3. Quelques définitions de l'intelligence territoriale ?

L'exploitation de la convergence des réflexions et des travaux d'IE et de KM[15] peut éclaircir le concept d'IT, marquée par le manque de consensus au sujet de sa définition. Elle est souvent pensée comme l'application de l'un de ces concepts au niveau du territoire. Elle explique les réalités des territoires et cherche à construire des positionnements autour des projets de développement. Pour P. Clerc (2002), « l'IT est la capacité de comprendre les enjeux et les réalités des territoires. Il s'agit d'enjeux de développement, mais aussi d'enjeux de concurrence ». Pour N. Massard et C. Mehier, elle représente une démarche stratégique au service d'un projet territorial répondant à des objectifs de développement plus que d'aménagement au croisement de thématiques telles que :

- Quelle stratégie pour quel territoire ?
- Comment favoriser la cohérence entre stratégies des territoires, stratégies nationales et européennes ?
- Comment promouvoir et valoriser les territoires dans le cadre de la mondialisation ? Quels seront les critères d'attractivité des territoires qui prévaudront demain ? Comment faire jouer les nouveaux acteurs de la mondialisation au service de la promotion des territoires ?

Selon ces définitions, l'IT apparait, à la fois, comme une démarche pour définir un périmètre stratégique d'un territoire, et aider les différents acteurs à établir des projets stratégiques constituant de véritables pôles de compétitivité. Elles montrent aussi sa fonction d'aide à la création de réseaux Etat-entreprises et interentreprises permettant de mieux faire circuler l'information utile aux acteurs économiques.

Prônant une circulation fluidifiée de l'information, l'IT doit permettre aux acteurs économiques non seulement de maîtriser l'information stratégique mais aussi de favoriser sa protection et la mise en œuvre d'actions d'influence. Le territoire constitue un espace de relations

[15] Ce concept correspond plutôt à l'utilisation des savoirs et connaissances qui sont potentiellement accessibles, dans l'objectif d'améliorer les capacités d'acteurs à travers une meilleure gestion de ses actifs intellectuels et informationnels.

signifiantes qui intègre l'intelligence comme processus cognitif et d'organisation de l'information (Dumas, 2004). La relation entre ses acteurs est un facteur déterminant de la réussite d'un dispositif d'IT. Pour cette raison, la production des connaissances et savoirs au sein d'un territoire, leur protection et diffusion impliquent la conception et la mise en place d'un tel dispositif.

3.4. Dispositifs de l'intelligence territoriale : raisons et utilité de leurs essors

Avec l'émergence de la notion de territorialité fondée sur une dimension d'information et de communication, la dynamique territoriale se fonde sur une approche territoriale de l'information. Son organisation et sa conceptualisation mêlent le temps, l'espace et les hommes (Puel, 2006).

Cette démarche annonce les fondements de la mise en place ultérieure d'un processus d'IT, la première ambition est de découvrir les pratiques actuelles et de détecter les voies d'une « communication efficace ». Et puisque notre recherche a pour but le sens de montrer ses apports au territoire, on proposera les outils nécessaires pour mettre en place un tel dispositif d'information et de communication qui serviront la création et l'application des projets territoriaux.

Proposer donc un dispositif d'intelligence territoriale revient à faire le lien, au moins, entre l'IE, le territoire et l'espace. Quelles sont alors les raisons et l'utilité de l'émergence d'un dispositif d'IT ? Quels sont les fondements de base pour sa conception ? Quels sont les défis à relever en vue de réussir un tel processus ?

Les raisons de l'apparition des dispositifs d'intelligence territoriale

Elles peuvent être résumées dans les points suivants :

Construire une vision globale de l'intelligence territoriale

Pour tenir compte de l'ensemble des acteurs du territoire, l'IT doit être un processus collectif qui doit être envisagé dans une optique globale, et se baser sur un système d'information coopératif pour diffuser une information de qualité. Cette optique donne un cadre collectif de production de connaissances et non pas un processus d'accumulation d'informations (Harbulot et Baumard, 1997, p. 6).

L'accès interactionniste à l'information

Dans son territoire, l'acteur a toujours éprouvé le besoin de s'informer sur le territoire dans lequel il vivait, fonctionnait et même au-delà, pour construire et défendre durablement son avantage compétitif. L'IT améliore l'accessibilité de l'information. Elle doit se baser sur un ensemble de dispositifs facilitant l'accès au potentiel informationnel d'un territoire. En ce sens, les parties prenantes rentrent dans un processus relationnel complexe dont l'accès à l'information. Le partage des connaissances et le droit au savoir sont au centre des débats sur la diffusion des savoirs au sein des sociétés.

Dans le cadre de cette vision, l'apparition des dispositifs d'IT est indissociable de ce contexte de perception de l'information comme une source vitale. Ainsi, s'informer sur les territoires et la dynamique des relations qui lient ses acteurs, nécessite essentiellement l'existence des dispositifs pour encadrer leurs interactions implicites et explicites.

La réflexion systémique vient alors enrichir cette vision territoriale. C'est plutôt la dimension informationnelle mise en rapport avec leur niveau de structuration et de complexité qu'on cherche à apprécier dans la conception systémique de territoire. En ce sens, elle permet de répondre à un autre niveau de la demande en information organisée, pour mieux percevoir et décrire la complexité de la réalité, pour mieux comprendre et donc agir (Piron, 1996).

Matérialisation et communication de l'information territoriale

Pour contribuer au développement de leur territoire et le renforcement de son attractivité, un tel dispositif doit viser la coordination et la gestion des données territoriales. En effet, il doit disposer d'outils de gestion et d'exploitation des informations territoriales.

Comme tout dispositif d'information, l'IT implique différents supports matériels pour assurer la communication de l'information et de la matérialiser. Il s'agit d'assurer sa pérennité, sa conservation, sa circulation ou sa communication dans le temps et l'espace. Elle doit être transcrite et mémorisée dans différents supports tels que des documents, images, vidéos, bases de données, dessins ou cartes. D'où, l'importance de l'apport des technologies de l'information et de la communication (TIC) qui peut favoriser des processus d'automatisation des procédés de collecte et de traitement de l'information, puis facilite sa conservation et sa mémorisation.

Ainsi, les machines jouent un rôle important au niveau du traitement de l'information et de sa gestion, par contre l'interprétation de sa signification reste liée au travail humain. D'où l'importance qu'il faut accorder au système d'information constituant la mémoire du système d'informations organisationnelles, qui doit englober un ensemble de processeurs pour mémoriser l'information, la traiter et la communiquer (Lugan, 1993, p. 95).

Valorisation des territoires

L'objectif prioritaire de l'IT est de valoriser les territoires et leurs dynamismes, en assurant une nouvelle jonction des espaces de vie (Bertacchini, 2007). C'est aussi un lieu pour développer les capacités intellectuelles et coopératives pour créer et innover d IT la possibilité de créer de la richesse, pour l'homme et l'humanité, par une implication très large d'acteurs diversifiés ».

Elle ne peut être construite que dans l'espace et dans le temps pour apporter des réponses collectives aux problématiques territoriales, tout en prenant en considération une variété des conjonctions à différentes échelles.

Comme voie pour un développement durable

L'IT vient de la conjonction de changements majeurs et interdépendants dans les économies et les sociétés de connaissances. C'est la voie d'un développement cohérent et durable, créatrice de la richesse, par une implication très large d'acteurs et de partage du savoir.

C'est une démarche constructiviste fondée sur des dispositifs qui relie la science et la société au service d'une action territoriale stratégique. Un tel dispositif sera aussi au service de cette gestion participative et pluridisciplinaire qui peut contribuer efficacement à l'amélioration de la gouvernance territoriale.

Suite aux développements de cette troisième partie, on peut conclure que l'IT croise le territoire, en tant qu'espace de déclinaison et projets de développement, pour donner lieu et ouvrir les perspectives sur un dispositif d'IT capable de fournir des produits adaptés à la demande des différents utilisateurs et leur prise de décision. Et si le concept d'information pose des difficultés et des ambiguïtés (Baltz, 1996) ce dispositif ne peut s'inscrire que dans ce contexte confus. L'objectif est de réunir des compétences multidisciplinaires autour de ce dispositif.

Cependant, les principaux défis à relever pour concevoir et réussir sa mise en place sont liés à la localisation et à la datation des phénomènes, la fiabilité de l'information, les processus de production des connaissances et leur communication en temps réel aux acteurs pour prendre des décisions stratégiques. Les dispositifs d'IT doivent être situés dans une intersection particulière entre l'espace et le temps. Dater les phénomènes les uns par rapport aux autres permet de suivre les changements.

Au total, un tel dispositif doit permettre de saisir les phénomènes étudiés dans un cadre spatio-temporel systématique (Giddens, 1987, p. 56). L'IT doit combiner les aspects positifs de la méthodologie d'IE avec ceux du capital social d'un territoire. Elle doit mettre les infrastructures matérielles et immatérielles au service de la reconversion perpétuelle du territoire, ceci à la base de l'exploitation optimale des informations sociétales, industrielles et technologiques et leur impact sur le développement.

Conclusion

Lorsqu'il s'agit d'évoquer les mécanismes de décision, le manque de connaissances sur le territoire menace le processus de développement territorial, l'IT est considérée comme une application au territoire de l'IE, conçue au niveau national. Elle constitue le cadre incontournable pour aborder les différentes problématiques territoriales liées à la production, la protection et l'échange des connaissances et des savoirs entre les différents acteurs. Les activités informationnelles et communicationnelles, éléments clés, nécessitent une valorisation pour être au service des connaissances et savoirs nécessaires à l'anticipation des changements et formulations des actions stratégiques, pour saisir des opportunités et contrecarrer des menaces, et par conséquent renforcer l'attractivité des territoires.

Dès lors, au terme de cette recherche, il convient de rappeler que les dispositifs d'intelligence territoriale peuvent servir comme un outil de compréhension et de valorisation des interactions des acteurs territoriaux. Ces dispositifs qui sont conçus comme un lieu de réflexion sur les enjeux de la dynamique du développement constituent un espace de collecte, d'échange, de valorisation et de promotion de l'information pour mettre à la disposition des décideurs et des instances de développement, des outils d'aide et d'arbitrage pour réussir des actions de développement économique et social.

BIBLIOGRAPHIE

ACHARD, P., BERNAT, J.-P., 1998, *L'intelligence économique : mode d'emploi,* ADBS Editions.

AGUILAR, F.J., 1967, *Scanning business environment,* Macmillan Co, New York.

ALBAUM, G., 1962, *A new approach to the information function in marketing,* Theses, University of Wisconsin, Communication, 16 (2), pp. 163-176.

AUDIGIER, M, COULON, G., RASSAT, P., 2003, L'intelligence économique : un nouveau outil de gestion, LAURENT M. du MENSIL EDITEUR, Maxima, Paris, p. 167.

BAUD, J., 1998, *Encyclopédie du renseignement et des services secrets,* Editions Lavauzelle.

BAUMARD, P., 1991, *Stratégie et surveillance des environnements concurrentiels,* Masson, Paris.

BAUMARD, P., BENVENUTI, J.A., 1998, *Compétitivité et système d'information,* Dunod.

BERTACCHINI, Y., 2004, Mesurer la distance, Pensez la durée, Mémoriser le virtuel, Intelligence territoriale, volet 2, Collection Les E.T.I.C, Presses Technologiques, in *Intelligence territoriale : le territoire dans tous ses états,* Collection Les ETIC, Presses Technologiques, Toulon, p. 275.

BOUCHET, Y., BERTACCHINI, Y., HERBAUX, P., 2007, *La mise en place d'un dispositif d'intelligence économique territoriale dans une municipalité : méthodologie d'un projet de Recherche ingénièrique,* Colloque Veille stratégique, scientifique et technologique Marrakech (Maroc).

BOUGNOUX, D., 1993, *Sciences de l'information et de la communication (Textes essentiels)*, Paris, Larousse.

BOURNOIS, F., ROMANI, P.J., 2000, *L'intelligence économique et stratégique dans les entreprises françaises,* Editions Economica.

BULINGE, F., 2002, *Pour une culture de l'information dans les petites et moyennes organisations : un modèle incrémental d'intelligence économique,* Thèse pour le doctorat en Science de l'information et de la communication, Université de Toulon et du Var 2.

BULINGE, F., AGOTINELLI, S., 2005, *L'analyse d'information : d'un modèle individuel à une culture collective,* Management et communication pour une économie de la connaissance.

COUTENCEAU, CH., BARBARA, F., EVERETT, W., GILLIERON, A., JACQUIN, X., POUILLAIN, M., VALLE, C., 2010, *Guide pratique de l'intelligence économique,* EYROLLES, Editions d'Organisation, Clermont-Ferrant, France.

DEMAZIERE, C., FAUGOUIN, P., 2005, *Anticiper les mutations économiques des territoires : quelles implications pour l'action publique locale ?*, actes du colloque Européen d'intelligence économique « Approche comparée des pratiques », Futuroscope de Poitier.

DUMAS, P., 2006, *Territoire et mondialité, Tic et Territoire : Quels développements ?*, Université de Franche Comté, Besançon Vème colloque TIC.

ESCARPIT, R., 1976, *Théorie générale de l'information et de la communication*, Classiques Hachette, Paris.

GDOURA, W., 2005, L'autre accès à l'information dans les sociétés en émergence : étude de cas du monde arabe, n°13-14-15, *Revue maghrébine de documentation et de l'information*, pp. 37-49.

GIDDENS, A., 1987, *La constitution de la société*, Presse universitaire de France, Paris.

GRAVEL, L., 1984, *Système d'information urbaine à référence spatiale (SIURS)*, Document du ministère des affaires municipales, Québec.

GUYOT, B., 1999, Le système d'information comme objet de recherche, in Delcambre P., *Communication organisationnelles, objets, pratiques, dispositifs*, Presses universitaires de Rennes.

HARBULOT C., BAUMARD P., 1997, Perspective historique de l'intelligence économique, *Revue d'Intelligence Economique*, n°1.

HARBULOT, C., BAUMARD, P., 1996, *Intelligence économique et stratégie des entreprises : une nouvelle donne stratégique*, présenté à la Cinquième Conférence Annuelle de l'Association Internationale de Management Stratégique.

JAKOBIAK, F., 2006, *L'intelligence économique : la comprendre, l'implanter, l'utiliser*, Editions d'Organisation, 2ème tirage, Groupe Eyrolles, France.

JAKOBIAK, F., 2009, *L'intelligence économique : Techniques et outils*, Editions d'Organisation, 2ème édition, Groupe Eyrolles, France.

JUILLET, A., 2004, *Du renseignement à l'intelligence économique*, in Défense Nationale, C. Quesnot.

DI BIAGGIO, L., MESCHI, P.-X., 2010, Le management dans l'économie de la connaissance : des clés pour comprendre les nouveaux modèles, Pearson Education France, Paris.

LARIVET, S., 2001, *Intelligence économique : acception française et multidimensionnalité*, Actes de la Xème conférence de l'Association Internationale de Management Stratégique (AIMS), Laval.

LE BON, J., 1998, *Contribution des vendeurs à l'intelligence économique : un modèle explicatif de l'effort envers la veille marketing et commerciale*, Thèse, Sciences de Gestion, Université de Paris IX.

LEONETTI, X., Intelligence territoriale : la suprématie américaine, *Revue Internationale d'intelligence économique.*
LUGAN, J.-C., 1993, *La systémique sociale*, Coll, que sais-je ?, Presses universitaires de France, Paris.
MARTINET, B., RIBAULT, J.-M, 1989, *La veille technologique concurrentielle et commerciale*, Les Éditions d'Organisation, Paris.
MARTRE, H., 1994, *Intelligence économique et stratégies des entreprises*, Commissariat général du plan, La documentation française.
PELISSIER, M., 2010, Etude sur l'origine et les fondements de l'intelligence territoriale : l'intelligence territoriale comme une simple déclinaison de l'intelligence économique à l'échelle du territoire ?, *Revue internationale d'intelligence économique*, vol. 1-2 Juillet-Décembre, Lavoisier, France.
PIRON, M., 1996, Systèmes d'information et observatoires en sciences sociales : quel impact sur les démarches de recherche ?, *Cahiers des sciences humaines*, 32 (4).
PORTER, M., 1980, *Competitive Strategy*, Editions Free Press, New York.
Puel G., 2006, Des technologies et des territoires, Habilitation à diriger des recherches, Université de Toulouse II, p. 11.
PUEL, G., 2006, *Des technologies et des territoires*, Habilitation à diriger des recherches, Université de Toulouse II.
THEPAUT, Y., 2002, *Pouvoir, Information, Economie*, Economica, Paris.
WILENSKY, H., 1967, *Organizational Intelligence: Knowledge and Policy in Government and Industry*, Editions Basic Books.

TECHNOLOGIES DE RÉSEAUX ET ESPACES LOCAUX : VERS UNE NOUVELLE INTELLIGENCE ÉCONOMIQUE AU SERVICE DES TERRITOIRES – LES LEÇONS DE QUELQUES EXPÉRIENCES RÉCENTES EN FRANCE

Lahcen ABDELMALKI
Université Lumière Lyon 2

Introduction

Chaque innovation technologique draine son lot d'utopie pour tenter de dépeindre à loisir les bouleversements socio-économiques et autres conséquences, selon les cas ravageuses ou généreuses, susceptibles de s'imposer dans leur sillage. Les Nouvelles Technologies de l'Information et de la Communication (NTIC) n'échappent pas à la règle. Les nombreuses publications disponibles sur le sujet se partagent en deux catégories assez marquées. D'un côté, les analyses qui amplifient le mythe de technologies bienveillantes appelées à nous « sortir » du capitalisme pour nous faire accéder à une civilisation nouvelle plus humaniste et plus fraternelle.

Les illustrations abondent qui présentent le télétravail comme le moyen de sortir les salariés de la tyrannie du commandement hiérarchique de l'entreprise et de l'oppression des rapports sociaux professionnels ou qui rivalisent de générosité sur les retombées des autoroutes de l'information en faveur des agents, des organisations et des espaces économiques retardataires. D'un autre côté, des discours qui dénoncent la « civilisation de l'ordre » en passe d'émerger de la montée en puissance de ces NTIC. Les technologies de réseau, avance-t-on ici, grâce aux connexions sans limites qu'elles rendent possibles, étendent le pouvoir de contrôle des Etats et des organisations sur les individus et les sociétés. Si des territoires ou des individus parviennent à échapper à ce contrôle, c'est pour être condamnés à l'oubli et au sous-développement.

En effet, la société des réseaux aurait ses « convives » et ses « exclus ». Les premiers peuvent se servir des avantages qu'elles diffusent (informations, richesses et investissements, etc.) ; les autres, qui en restent privés, courent même le risque de voir leurs richesses, matérielles comme humaines, migrer vers des espaces mieux lotis.

Vecteur d'ordre et d'autorité pour les uns, les NTIC sont aussi productrice de polarités spatiales et d'inégalités de conditions d'existence pour les autres. La présente contribution entend mettre à nu et illustrer ces deux facettes des NTIC dans leurs rapports aux territoires.

1. NTIC, réseaux et territoires

Si la crise actuelle a des conséquences dramatiques, dont le chômage et l'exclusion sont les expressions les plus frappantes, elle offre aussi aux économistes l'occasion d'un renouvellement important de leurs grilles d'analyse. Il est bien connu que la théorie économique se régénère très souvent dans les grandes confrontations avec l'histoire. À y regarder de près, à ce moment particulier de l'évolution du système économique mondial, c'est bien à la confrontation, entre la pensée économique d'une part, et les ressorts et manifestations de la crise d'autre part que nous assistons aujourd'hui (Velz, 2007).

1.1. De la crise économique à la réhabilitation de l'espace

Les difficultés économiques nées de la crise des vingt dernières années ont pour conséquence, entre autres, de rappeler le fait que le développement est, à long terme, essentiellement un phénomène déséquilibré. Sous nos yeux tout ne croît pas à la même vitesse : inégalités de revenus, inégalités urbaines, inégalités de croissance économique, leurs amplitudes sont fortement augmentées au cours des deux dernières décennies. Certaines régions connaissent la prospérité pendant que d'autres dépérissent, des états sont mieux arrimés à la spécialisation internationale et à l'échange marchand pendant que d'autres sont évincés du jeu de l'échange et voient leurs potentiels économiques décroître.

La difficulté pour les économistes de comprendre ces transformations spatiales est bien réelle. À l'ombre de plusieurs années de croissance (1950-1973), ils avaient pris l'habitude de penser les relations économiques à travers les seules grandeurs macroéconomiques que sont la production, le revenu, la demande, etc., dans une perspective d'équilibre ou de retour à l'équilibre. L'évolution tendancielle vers une croissance homogène entre secteurs économiques, voire entre régions, a eu pour traduction durable de minorer la place de la dimension spatiale dans l'organisation des firmes et des processus productifs.

C'est bien cette dimension qui s'affirme aujourd'hui. En faisant voler en éclat cette homogénéité de surface, la crise révèle l'extrême diversité des configurations productives à travers l'espace. Enfin, les économistes se joignent aux géographes pour admettre que l'espace exerce un rôle actif dans la dynamique économique (Abdelmalki et Courlet, 1996).

Une littérature nombreuse, avec déjà les premières synthèses à la clé, a entrepris au cours des toutes dernières années de diagnostiquer les ressorts ainsi que les enjeux de cette « territorialisation » de l'économie. Au centre des réflexions en cours, on rencontre des références fréquentes aux institutions régionales et aux aspects régionaux du développement. Certes, la décentralisation est à la mode, en France comme ailleurs, et l'on s'emploie parfois à considérer que les régions sont devenues l'espace d'une perception effective des acteurs.

Cette situation est-elle réelle ou transitoire ? Plus fondamentalement, lequel des deux points de vue suivants convient-il de privilégier ? Un premier point de vue, à l'échelle mondiale, selon lequel les interdépendances entre acteurs économiques laissent peu de marges d'action aux organisations régionales de la production et de la création technologique ? Ou, un second point de vue, selon lequel l'en-soi des espaces infranationaux est, dans tous les cas, pertinent pour analyser les problèmes de dynamique économique ?

1.2. Logique et fondements de la territorialisation des activités : les atouts de « l'économie de proximité » et de « l'économie des réseaux »

Quelle est au juste la nature des mutations qui affectent la structuration spatiale des activités productives ? Quel est également le contenu spatial des grandes transformations techniques, organisationnelles qui marquent l'économie aujourd'hui ? C'est à ces deux questions que tentent de répondre les économistes qui réfléchissent aux ressorts de la crise et à ses issues possibles, particulièrement ceux qui relèvent des champs de « l'économie régionale » et de « l'économie industrielle ».

Ceux-ci mettent en relief plusieurs tendances de fond qui traversent les modes d'organisation du travail et de la production. D'abord, une remontée généralisée, en direction de l'amont, des processus de production. Les tâches de conception, d'encadrement et de maîtrise des paramètres de la production prennent le pas sur les tâches d'exécution proprement dites. Cette remontée en amont des priorités organisationnelles est accompagnée d'un essor considérable des services aux entreprises. Dans certains cas, il s'agit en partie d'une externalisation d'activités de services (conseil, transport, publicité-marketing, tâches de gestion, entretien-maintenance, etc.) anciennement internes aux firmes. Les séquences productives se transforment elles-mêmes sous l'effet de l'introduction des nouvelles technologies de l'information et de l'automation.

En relation avec l'ensemble des mutations qui précèdent, les relations de travail et les conditions de mobilisation du travail changent également. À une production, qui se veut de plus en plus flexible, correspondent de nouvelles relations salariales plus souples (contrats de travail datés, rémunérations individualisées, carrières négociées au « mérite », etc.). Parallèlement, on observe une montée des revendications en faveur de la qualification et de l'autonomie au travail. Enfin, une recherche plus systématique est organisée pour tirer parti des activités de R&D et d'innovation, qu'ils soient ou non internes aux firmes. En raison du coût et des risques croissants liés à ces activités, les entreprises ont de plus en plus recours aux alliances, aux formules de partenariat pour réduire l'incertitude liée à la gestion de l'innovation, et en particulier afin de réduire les coûts liés aux erreurs d'adoption (Dupuy et Geneau De Lamarliere, 2007).

Comment se matérialise la relation de cette variété de phénomènes aux territoires ? Par une nouvelle division technique, sociale et spatiale du travail dont l'expression est traversée par des mouvements contradictoires, d'un côté entre « la tendance affirmée des techniques, des savoir-faire, des stades d'activités, des collectifs de travail à faire système » et « la pratique d'éclatement des entreprises en centres de profits autonomes et d'individualisation de la gestion de la force de travail » ; de l'autre, entre la volonté des firmes d'accélérer le processus de mondialisation de leurs activités de production et d'échanges et celle d'affirmer la nécessité de maintenir des « économies de champ » dans le respect de la stabilité et de la cohérence des rapports aux économies régionales et locales (Perrat, 1990).

La relation à l'espace se matérialise par conséquent par la manière dont les entreprises, et plus généralement les agents économiques, indépendamment de leur dimension et du contenu concret de leurs activités entendent, dans le cadre d'une économie de compétition, associer — ou substituer — aux traditionnelles économies d'échelle des externalités liées à leur proximité. Qu'il s'agisse ici d'une proximité d'intérêt, d'une proximité physique ou d'une proximité technologique, les relations entre agents qui en résultent prennent la forme de la coopération ou de relations de réseaux, c'est-à-dire d'une coordination qui peut être marchande et non marchande mais dont le but reste, en toute logique, l'optimisation des externalités liées à un effet d'agglomération. La pratique nous offre un nombre élevé et varié de ces effets d'agglomération allant de la spécialisation des sites à l'intégration verticale par le biais de la sous-traitance (Charles, 2011).

1.3. Les NTIC et le « paradigme territorial »

Les espaces « locaux » (communes, districts, villes, agglomérations de villes, pôles de développement, etc.), les régions administratives elles-mêmes ainsi que les macro-régions faites de regroupements de plusieurs régions-types sont, selon l'expression de C. Lacour, soumises à « la logique de la tectonique »[16]. Elles sont changeantes et instables, naissent aussi bien du fait de l'histoire et des habitudes culturelles que des opportunités administratives (contrats de pays, agences de bassins, communautés urbaines, etc.). Elles obéissent à des logiques de fonctionnement qui impliquent ou visent des catégories d'acteurs divers aux intérêts non interchangeables. C'est pourquoi elles ne sont, en général, ni stables ni cohérentes entre elles, puisque fonction des objectifs qui leur sont assignés, des moyens et des interlocuteurs à convaincre, ou simplement de la compétence et des penchants de ceux qui sont chargés de guider leur logique de fonctionnement.

Les NTIC introduisent une dimension nouvelle dans le comportement de ces espaces et dans leurs relations. En effet, elles permettent de relier rapidement en permanence les firmes, les acteurs publics, les activités, les innovations sur une base multisectorielle et s'inscrivent dans un mouvement de création d'un vaste espace de relations « hors marché » aux frontières géographiques continues en perpétuelle redéfinition. La première fonction, traditionnelle et objective, d'un territoire est d'être un réseau tissé de relations sociales entre individus, groupes sociaux, firmes et marchés. Par les NTIC, ce réseau s'émancipe plus avant des unités géographiques, des découpages administratifs et des perceptions socioculturelles conventionnelles.

Grâce aux NTIC, les espaces locaux se muent en territoires-réseaux où se nouent des stratégies qui ne sont pas toujours *a priori* convergentes.

16 Lacour C., « La tectonique des territoires : un cadre général d'analyse des politiques de développement », Colloque de Grenoble, op. cit.

On a affaire, en envisageant les espaces locaux, davantage à des territoires-réseaux qu'à des territoires-zones. Il n'y a, par exemple, aucune raison pour que l'espace d'exercice de la politique publique locale, dans les domaines de la recherche et de la technologie, corresponde à l'espace effectif d'exercice par les firmes industrielles de leurs stratégies dans ces domaines. Les deux attitudes peuvent aussi bien se renforcer, se compléter, s'ignorer ou se détruire.

La logique des entreprises n'est pas d'abord d'assurer un développement harmonieux du tissu économique local, mais de « spéculer » sur l'inégal développement territorial au sein et entre les régions et les Etats pour optimiser les résultats de leurs choix économiques et industriels. Ces choix ont, selon les cas et souvent en même temps, des implications en termes de solidarité vécue et même nécessaire avec le tissu économique et humain régional pendant qu'à d'autres moments l'interdépendance paraît plus forte avec des pôles extrarégionaux, voire extranationaux. Les décideurs publics, particulièrement pour les collectivités locales, doivent, quant à eux, éviter le divorce entre, d'une part, la domination sélective et fragmentaire des choix stratégiques de certaines firmes et, d'autre part, leur capacité de maîtrise démocratique et de mise en cohérence de l'ensemble régional qu'autorisent, en théorie, les structures administratives et politiques régionales.

On peut, au risque de schématiser, considérer que « les régions qui gagnent » (Benko et Lipietz, 1992 ; Madiès et Prager, 2008) sont celles où les contradictions entre ces deux attitudes sont les mieux maîtrisées, où par conséquent les attitudes de solidarité et de coopération, dans un système d'interdépendances généralisé, sont les plus fréquentes. Mais cela, encore une fois, n'est ni partout ni toujours nécessaire. Car les attitudes des décideurs publics comme les choix des firmes ne sont pas libres de contradictions et de retournements. Pourra-t-on jamais dire si, de manière irréversible, les stratégies industrielles et technologiques des grands groupes s'opposent ou, au contraire, renforcent le déploiement optimum des formes que sont la « région », la « nation » ou « l'économie-monde » ?

Les choix différenciés des groupes industriels eux-mêmes (Banville, 1984), qui alternent entre mouvements de reterritorialisation et de déterritorialisation, indiquent que les grands groupes visent prioritairement à une gestion optimale de leur localisation sur ces trois espaces emboîtés, en tentant de se saisir des contradictions issues de cet emboîtement. Les NTIC sont un outil qui intervient désormais activement dans chacun de ces choix stratégiques.

2. Les stratégies d'acteurs au défi des NTIC : les firmes contre les territoires ?

L'affirmation de formes « territorialisées » ou « localisées » d'organisation de la production invite désormais à asseoir l'analyse du développement économique sur une base spatiale. Cet acquis est important, mais il demeure insuffisant. En effet, lorsqu'on se situe en dynamique, il faut encore rendre compte de la manière dont s'agencent les variables constitutives de l'espace économique et surtout de la manière dont cet espace évolue sous l'effet des choix stratégiques des acteurs dont on sait qu'ils sont de portée et de poids différenciés. Particulièrement depuis le début de la crise, les choix et stratégies des firmes et des administrations publiques – Etat et collectivités locales – se trouvent pris dans des logiques de luttes-concours, tantôt coopérant entre eux, tantôt s'affrontant; cette tension imprime leur rythme et leur résultat, en termes de réussite ou d'échec, aux expériences de développement local.

2.1. Les firmes entre stratégies de localisation et stratégies de délocalisation

Du fait du jeu des firmes elles-mêmes ou du rôle régulateur des institutions territorialisées publiques, parapubliques et privées, on observe incontestablement une certaine « inscription au sol » des stratégies industrielles et technologiques des firmes. Le besoin éprouvé par ces dernières d'accroître leurs gisements de connaissances et de technologies les conduit à une socialisation de leurs activités dans le domaine de la gestion de l'information, de la R&D et de l'innovation. Les NTIC offrent un réservoir élevé d'outils et possibilités de ce point de vue (Josselin et Cliquet, 2002).

Par exemple, certains groupes se retrouvent, grâce aux technologies de réseaux, durablement « branchées » sur des configurations organisationnelles multiples combinant, selon les cas, de grandes firmes et/ou PME, des logiques productives et financières, des associations autour de projets durables ou temporaires, des réseaux de coopération public/privé, etc. Ces accords peuvent être formalisés, mais ce n'est pas nécessairement le cas; il n'est pas rare que la pratique relève d'une simple coordination « tacite » entre entreprises avec des prestations de contrepartie. Enfin, les « frontières » de tels accords et réseaux dépendent des tris stratégiques que font les firmes principalement à deux niveaux : la gestion de la « proximité » et la définition d'un « modèle organisationnel » type en mesure d'appuyer une démarche de « création » de ressources.

En ce qui concerne la gestion de la proximité, on assiste au dépassement du modèle traditionnel de localisation fondé sur la « proximité physique » par un modèle fondé sur la « proximité technologique ». Le modèle traditionnel de localisation des firmes s'appuie principalement sur la recherche d'avantages en termes de coûts : une firme s'établit à proximité de ses intrants, c'est-à-dire là où la main-d'œuvre ou les matières premières sont les moins chères, ou encore à proximité de son marché afin d'améliorer ou de garantir ses ventes. Si ce modèle rendait bien compte de la dynamique de délocalisation vers les zones périphériques à faible coût de facteurs durant les années 1960-70, il est aujourd'hui « démodé » sur plusieurs aspects ; ce qui permet d'affirmer que la géographie de la mobilité du capital et des entreprises est désormais moins fondée sur la compétitivité des facteurs que sur ce que P. Veltz (1996) appelle la « compétitivité sociale de l'organisation ».

Dans ce glissement les NTIC jouent un rôle non négligeable car elles amplifient le développement des nouveaux modes de compétition (compétition sur la qualité des informations disponibles et la possibilité de les traiter, sur la qualité des infrastructures économiques et sociales, sur les possibilités et la rapidité des communications, etc.). Rendue possible par le développement rapide des NTIC, la dissociation croissante entre coût des ressources et performance globale des entreprises donne la priorité aux avantages technologiques que les entreprises parviennent cumulativement à créer et à reproduire. Il n'est donc pas irrationnel que les firmes s'établissent dans des zones où les coûts de facteurs semblent défavorables dans la mesure où prédomine une stratégie de création technologique et de renouvellement permanent de la gamme des produits. Dans une telle perspective, le facteur essentiel devient l'aptitude que recèle l'environnement de la firme à porter et à amplifier le processus d'innovation qu'elle initie.

Cet environnement n'exige pas à proprement parler des relations de voisinage immédiat. Il dépend de la manière dont les réseaux de firmes et les réseaux de territoires, dans des dimensions et selon une intensité qui dépendent notamment de la nature du produit et de la taille de la firme, « dialoguent » entre eux (Perroux, 1982) et parviennent ou non à faire naître et à entretenir les conditions de la création technologique. D'une certaine manière, les NTIC octroient aux firmes la possibilité de s'émanciper des territoires, ou plutôt leur donnent la possibilité de recomposer leurs territoires d'intervention. Cette possibilité elle-même n'est pas étrangère au développement inégal des territoires puisque celui-ci est tributaire de la capacité des territoires à drainer investissements et entreprises en nombre et à susciter des innovations de qualité. On peut parler ici de « coproduction » des ressources technologiques et des innovations par les firmes et les territoires.

Les NTIC forcent également les modèles d'organisation des entreprises. Traditionnellement, et dans la perspective d'analyse ouverte par R. Coase puis, après lui, par O. Williamson (1994), les entreprises effectuent un arbitrage entre l'internalisation des transactions et l'externalisation de celles-ci à partir du critère de l'optimisation de coûts de l'organisation. Toute décision qui aura pour effet le recours à l'intégration de l'activité dans l'entreprise aura aussi pour conséquence l'élévation des coûts de coordination dans l'entreprise. A l'inverse, la préférence pour le marché a pour effet, d'un côté, de diminuer les coûts de coordination et, d'un autre, d'accroître les coûts de transaction (coût d'obtention ou de production de l'information, coûts de conclusion de contrat, de leur suivi de leur exécution, coûts du contentieux en cas de conflits, etc.).

La panoplie des technologies de réseaux crée la possibilité d'un déverrouillage de cette logique duale. Grâce aux NTIC, la firme peut évoluer vers le modèle de la firme-réseau. La procédure consiste à déléguer certaines activités au bénéfice d'entités externes à la firme. Cette décision peut se justifier à chaque fois que l'arbitrage entre les gains liés à la baisse des coûts de transaction - du fait de l'internalisation - et la croissance des coûts de gestion - en raison d'une complexification croissante de l'organisation - fait apparaître l'opportunité de la coopération. En effet, l'avantage de la coopération réside dans les relations horizontales qu'elle autorise, par opposition avec les relations verticales ou hiérarchiques entre société-mère et filiales ou entre donneur d'ordre et sous-traitants.

L'indivisibilité de certains actifs technologiques, le coût prohibitif des programmes lointains de recherche et d'innovation, le poids de l'incertitude qui peut justifier la mutualisation de coûts liés aux risques, la possibilité de partager des connaissances ou des expériences communes sont autant de facteurs qui justifient la coopération. Les stratégies de partenariat et d'alliances constituent alors le moyen de répondre aux exigences d'un environnement mouvant et porteur de risques multiples. Elles ont pour principale motivation les bénéfices issus de la coopération, à savoir les « économies de réseaux » et d'apprentissage, un accès à des connaissances partagées, des transferts et des complémentarités technologiques (Mucchielli, 1991 ; Mouhoud, 2004 ; OCDE, 2008).

La phase ultime peut être symbolisée par l'image de l'entreprise-réseau complètement éclatée dans ses aspects technologiques, productifs, financiers et commerciaux pour rechercher au mieux les avantages spécifiques aux territoires qui ne peuvent être atteints que par une décentralisation extrême et la prise en compte des spécificités locales (Andreff, 1995).

Plusieurs travaux récents relèvent que l'internationalisation des firmes atteint aujourd'hui un seuil qui, par l'éclatement de l'identité de celles-ci à l'échelle mondiale, altère leur nationalité ou la nationalité de leurs produits. Cette dynamique est accompagnée, si elle n'est renforcée, par la formation de grandes aires économiques régionales. Dans chaque aire, une entreprise localisée peut combiner ses compétences et nouer des relations avec d'autres entreprises, pour créer le plus de valeur, plus qu'elle ne le ferait avec d'autres composantes d'un même groupe situé dans d'autres aires géographiques. L'efficacité croissante des moyens de communication et de traitement de l'information mais aussi de transport facilite le développement de telles formes décentralisées d'organisation contribuant de la sorte à la réduction des dimensions de la planète (Ohmae, 1990 ; Chesnais, 1995).

2.2. La logique de l'Etat et des collectivités locales : les NTIC comme instrument de gestion démocratique

Les collectivités et les institutions à compétences locales et régionales, de plus en plus nombreuses en France, déploient un effort (en particulier financier) important et s'impliquent plus volontiers aujourd'hui dans l'aménagement d'infrastructures technologiques, la création d'entreprises ou l'appui au lancement d'activités innovantes reposant sur les NTIC, comme outil de production, de prestation de services - notamment de services publics -, ou encore comme supports de loisirs. Les accords qui associent, au sein de certaines régions, les entreprises, les universités à des organismes publics, privés et interprofessionnels de recherche, de formation et/ou de transferts de technologies permettent aussi, à leur manière, de renforcer les seuils d'intégration et de proximité technologiques et spatiales aux échelles locales et régionales.

Actuellement, ces accords débordent du cadre des activités conventionnelles marchandes pour englober des domaines neufs longtemps considérés comme de simples zones de coûts pour les acteurs publics : la santé, l'éducation, le cadre urbain, la culture et les loisirs, etc. Les NTIC apportent leur appui à la mise en route d'expériences décisives en la matière.

On peut citer ici, en particulier, les expériences de « Cyber Cantal » (Auvergne) et de « Vercors Connect » (Isère), toutes deux faisant usage des NTIC pour décourager les migrations de populations vers des pôles urbains, proches ou lointains, plus attractifs en possibilités d'emplois et de « choix de vie ». Dans ces premiers cas, l'impératif d'empêcher le déclin démographique du département a incité les décideurs locaux à rechercher les moyens de renforcer l'attractivité du territoire par la mise en place d'activités innovantes et l'offre de nouveaux services en milieu rural. Les projets, conçus et mis en place ici, permettent de coordonner plusieurs initiatives dans le dessein de mobiliser la population en favorisant l'émergence de projets de télé-activité, ou l'acquisition de compétences par des formations de proximité associées aux NTIC.

Le but est non seulement d'augmenter l'offre d'emploi in situ, mais aussi d'apporter à un territoire de montagne un attrait supplémentaire en termes de diversification des offres de services et de formations. L'éducation nationale a pris des initiatives concrètes pour accompagner le projet et lui permettre de jouer un rôle efficace dans l'appropriation des NTIC non seulement par les jeunes mais aussi par les adultes.

D'autres réalisations, nombreuses, s'inscrivent dans l'objectif plus modeste d'une amélioration concrète des services publics rendus aux usagers et administrés. À Saint-Egrève (Ardèche), les NTIC viennent en aide à l'hôpital privé de la ville pour recevoir à distance l'aide scientifique et technique du centre hospitalier de Saint-Etienne (Loire). Les patients se déplacent moins, fait important compte tenu des difficultés d'accès en période hivernale. L'expérience est devenue possible grâce à l'appui technique de France-Télécom et du CHRU de Toulouse. À Clermont-Ferrand, le Système d'Information Territorial (SIT) mis en place par la préfecture a pour vocation d'être un outil de travail et de décision dédié aux fonctionnaires de l'Etat. Il est conçu comme un tableau de bord régional et départemental des principaux indicateurs de conjoncture économique, et doublé d'une base de données communale.

L'outil comporte également toutes les prestations complémentaires (messageries de dossiers publics, communication, transfert d'informations en réseaux, préparation de réunions, etc.). L'utilisation du

SIT s'est étendue à la gestion des rapports avec les entreprises (offre d'information, aides à l'installation, formalités administratives, etc.). Même si de telles initiatives posent toujours, en de pareilles circonstances, des problèmes en termes de conditions d'accès, de validation de information et de confidentialité, elles n'en sont pas moins audacieuses et participent de stratégies spatialisées pour, soit empêcher le déclin économique d'un site, soit créer les conditions de régénération de tel autre site menacé de déclin ou de désertification.

On ne peut négliger que la généralisation de l'usage des NTIC dans les administrations locales et services de l'Etat relève aussi, en partie, de la logique bureaucratique. Les exigences de remontée des informations statistiques, l'adaptation des procédures de contrôle de la gestion des effectifs, d'impulsion et d'animation des missions, etc., sont autant de justifications à la « tyrannie » de la bureautique dans les administrations… avec ses collections de progiciels plus ou moins complexes. Aussi, l'usage des NTIC doit être compris comme l'avènement d'un outil supplémentaire qui vient s'ajouter à d'autres outils, plus anciens qui ont plus ou moins fait leur preuve, et dont les administrations maîtrisent l'usage pour contribuer plus efficacement au développement local ou à l'amélioration des services rendus.

Nonobstant, de nombreuses expériences, en grande partie inconnue du grand public, montrent l'importance de tels apports : les NTIC contribuent sous diverses formes au maintien en zone rurale d'activités en perte de vitesse, à une certaine émancipation des contraintes de distances (télétravail, télédiagnostic) et facilitent la formation de la main-d'œuvre. Le télédiagnostic permet aux infrastructures hospitalières des zones rurales de rompre leur isolement et aux zones urbaines de pouvoir compter sur les compétences d'autres installations, plus modernes ou plus spécialisées, grâce à des collaborations en réseau. Enfin, si l'attitude des entreprises privées, notamment de haute technologie, est de chercher à s'implanter prioritairement dans les zones urbaines pour bénéficier des « effets d'agglomération », l'action de l'Etat et des collectivités locales est bien de corriger les distorsions qui peuvent en résulter en faisant des NTIC un formidable outil d'aménagement du territoire.

2.3. Les autres acteurs sociaux : les syndicats et les consommateurs à la remorque de la civilisation des technologies de l'information ?

Si les entreprises et les administrations sont des acteurs « visibles » dans les initiatives et les stratégies d'appropriation des NTIC, elles n'en demeurent pas seules. Certaines composantes de la société civile sont directement concernées et leur rôle « bousculé » par la diffusion de ces outils ; il s'agit notamment des syndicats, des associations de consommateurs, de certaines catégories de salariés (handicapés, télétravailleurs, etc.). Pour l'heure, certains de ces acteurs paraissent à la remorque des changements introduits par les NTIC, d'autres sont en mal d'appropriation et éprouvent des difficultés réelles à se forger une opinion, et encore plus à faire émerger une stratégie, pour tirer parti des NTIC en renouvelant leur action.

L'expérience de la société SEB (Ecully, Rhône), leader mondial des petits appareils ménagers domestiques (Tefal, Arno, Calor, Rowenta) est révélatrice de l'attitude généralement « à la traîne » des acteurs sociaux que sont les syndicats dans l'accompagnement des mutations engendrées par l'informatisation du travail et de la production. Jusqu'en 1995, SEB fonctionnait selon le modèle d'une autonomie renforcée des différentes composantes du groupe. Depuis 1996, le groupe s'est organisé en réseau. Le système informatique SIMPA, mis en place, a pris la forme d'un progiciel paramétrable SAP R/3 permettant de placer en interdépendance synchrone la société-mère et ses filiales à travers le monde faisant disparaître l'apparente autonomie de chacun des sites. Une équipe technique d'une cinquantaine d'informaticiens veille à la montée en charge du nouveau système, sans dispersion géographique avec partage des ressources et des compétences.

L'enjeu est de remplacer les 14 systèmes de gestion informatique qui existaient auparavant, de parvenir à la création d'un langage commun à l'ensemble du groupe et d'accélérer les échanges d'informations entre société-mère, usines et filiales.

Ces transformations organisationnelles et techniques, que l'on peut qualifier de radicales, ne sont pas sans conséquence pour les salariés. D'abord, la concertation a fait défaut. Ce fait est d'importance car, outre la disparition des centres informatiques existants, le projet a aussi pour effet un bouleversement des fonctions et des tâches au sein des composantes du groupe. Enfin, la perte d'identité des filiales n'est pas la moindre des conséquences de l'événement. Perdant leurs systèmes informatiques antérieurs, ces filiales se trouvent désormais insérées dans l'option du progiciel de gestion intégré incarné par SAP. Dans ce processus, les organisations syndicales, qui ont pourtant contesté la pertinence de certains aspects du projet, ont été tenues à distance de sa mise en route.

L'expérience est édifiante et révélatrice de ce qui se passe dans de nombreuses organisations privées et publiques. Il apparaît, en effet, que la portée des NTIC ne doit pas être jugée seulement en termes de performances productives ou commerciales améliorées ou d'informations produites, mais aussi en termes de stratégie et d'appropriation. Le but du système est certes de produire un langage commun, voire une culture d'entreprise commune, mais il apparaît, au-delà de ce discours, que les enjeux réels sont le recentrage et l'optimisation de la gestion de activités de production et des marchés du groupe à l'échelle mondiale. Les enjeux stratégiques surpassent de loin les enjeux techniques et humains. Les syndicats, faiblement associés au processus, éprouvent des difficultés réelles à évaluer la réalité du processus, ses enjeux et ses effets futurs. Disposant d'une information trop univoque sur ce dernier, ils ne savent pas quel usage pertinent en faire. De ce fait, cette information n'est pas significative en elle-même.

3. Les NTIC : un enjeu pour le développement local

Même si les fonctions et les actions exercées « localement » gagnent en importance, on ne peut raisonnablement, sous prétexte que le besoin de théorisation est plus fort aujourd'hui, céder à une idéalisation des territoires « locaux » ou « régionaux ». Le problème est donc celui de la pertinence des catégories du « local » et de la « région » et d'une comparaison appropriée des stratégies de développement économique et industriel qui prennent place dans ces espaces face à celles qui se déroulent dans des espaces plus vastes : l'économie nationale ou l'économie-monde.

Cette question avait été bien perçue par F. Perroux (1991) qui définit l'espace économique comme une *structure évolutive* combinant espace homogène (espace continu dont chacune des parties constituantes présente des caractéristiques ou des propriétés aussi proches que possible les unes des autres), espace polarisé (espace hétérogène dont les diverses parties sont complémentaires et entretiennent entre elles, et tout spécialement avec les pôles dominants, plus d'échanges qu'avec la région voisine) et l'espace plan (ensemble relevant d'une même unité décisionnelle).

Dans cette conception, l'espace régional (ou local) revêt donc plusieurs configurations et épaisseurs qui ne se superposent pas nécessairement. Il peut être appréhendé comme instrument et support de révélation des pratiques économiques. Mais, il n'est sûrement pas un cadre dans lequel se fondrait, par simple importation, un mode de production ou une politique économique. La réussite d'une même politique économique ici et son échec ailleurs suffisent à se convaincre que l'espace est un « acteur » qui induit des pratiques et des comportements, force de résistance et d'inertie au changement ou, à l'inverse, de dynamique de changement (Cusset et Vulin, 1991).

Les mises en scènes proposées des formes de territorialisation sont infiniment variées. D'une manière générale, elles aboutissent à une véritable imbrication d'espaces, tantôt vastes, tantôt beaucoup plus réduits ; tantôt portés par des dynamiques endogènes, tantôt fortement extraverties est soumis aux interdépendances avec l'extérieur. Dans un premier temps, on peut s'interroger utilement sur les formes de territorialisation qui voient le jour, telles que le montrent les nombreuses études s'intéressant à la relation entre activités économiques et territoires. On pourra ensuite tenter d'appréhender la (ou les) logique(s) mises en œuvre dans cette territorialisation.

3.1. L'efficacité régionale : le développement « par le haut » (logique Top Down) et le développement « par le bas » (logique Bottum Up)

Le statut de la région peut être envisagé et discuté selon deux optiques. On peut, dans une première vision des choses, considérer qu'« au commencement il y a la région ». Chaque région posséderait ainsi une personnalité propre et « l'imbrication » de toutes les régions formerait l'économie-monde. On peut aussi, en privilégiant une seconde démarche, penser que c'est la division internationale du travail qui confère à chaque région sa personnalité, sa spécificité selon des nécessités et des règles du jeu qui dépassent chaque région envisagée séparément. Ces deux visions améliorent notre compréhension du jeu des relations entre régions et économie mondiale, mais elles le font de manière à la fois différente et exclusive.

La première optique présente cette particularité de ne rien révéler des contours précis et des fonctions exigées ou attachées à chacune des composantes de départ. La seconde optique tendrait à négliger les ressorts de la cohérence interne des régions, des facteurs de leur dynamisme interne, réduisant ces divers aspects uniquement à la manière dont telle ou telle région s'inscrit positivement dans le jeu de la spécialisation de l'activité économique au niveau international.

La première vision considère que la propension au dynamisme économique et à l'efficacité résulte prioritairement de la structure organisationnelle et patrimoniale de chaque région. La seconde démarche considère d'emblée les interdépendances organisées au sein de l'économie mondiale et fait de celles-ci les conditions préalables de l'insertion des régions dans le jeu de la production et des échanges internationaux grâce aux économies d'échelle.

Des deux visions, c'est la première qui retient souvent l'attention. Pour A. Lipietz, les régions dynamiques, celles qui gagnent, sont les régions qui organisent leur dynamique interne et inscrivent leur succès dans l'espace de l'activité productive nationale et mondiale[17]. Pour R. Gordon, « la structure changeante de l'économie mondiale peut être considérée comme étant fonction, non des avantages comparatifs conventionnels, mais de la compétitivité structurelle, résultant de différences nationales substantielles en ce qui concerne le cadre institutionnel de l'activité économique » (Gordon, 1990). Ce second point de vue a ceci d'original qu'il va au-delà d'une simple dotation en facteurs comme condition de l'efficacité économique régionale. Il confirme ainsi les analyses de Walker (1988), ou encore de Scott et Storper (1987), selon lesquelles les dotations régionales de facteurs ne peuvent être considérées comme des bases spontanées de synergies et dont la présence seule suffirait à attirer et à soutenir l'innovation et la croissance des activités.

Ces différentes approches insistent, en outre, sur l'ossature institutionnelle régionale et le « système de gouvernance » qui en résulte, c'est-à-dire sur le jeu de régulation que ces institutions introduisent afin d'assurer le fonctionnement continu de l'ensemble régional et d'aplanir les distorsions qui menacent son efficacité ou sa pérennité. Dans cette optique, les différences de développement régional seraient donc avant tout la conséquence de la plus ou moins grande aptitude des régions, ou ensembles régionaux, à transformer efficacement les ressources locales en possibilités de développement.

3.2. La territorialisation des activités productives : phase pertinente ou phase transitoire du développement ?

Nous écrivions ci-dessus que la crise actuelle a particulièrement contribué à une reterritorialisation des activités productives. Il faut maintenant aller plus loin et se demander si cette reterritorialisation est seulement transitoire, liée à la crise, ou si les niveaux infranationaux d'inscription de l'activité économique sont, dans tous les cas, la référence

[17] Benko G., Lipietz A., (Sous la dir.), op. cit.

adéquate pour rendre compte des mutations des structures économiques à l'échelle mondiale[18].

La première hypothèse est partagée par ceux qui pensent que les économies occidentales se trouvent aujourd'hui à la fin d'un cycle long d'industrialisation de deux siècles qui a, d'un point de vue spatial, surtout conduit au renforcement des ensembles nationaux. On se trouverait donc, depuis l'avènement de la crise, au seuil d'un nouveau système technique qui aurait, directement, l'économie mondiale pour base de fonctionnement. De ce point de vue, la reterritorialisation constitue, ni plus ni moins, une issue organisationnelle d'attente qui doit déboucher, sitôt la sortie de crise assurée, sur la mise en place des règles du jeu économiques, techniques et organisationnelles directement aux échelles mondiales.

En d'autres termes, cette première hypothèse fait de la reterritorialisation une simple étape d'un processus d'ensemble, plus ou moins long, d'adaptation aux nouvelles contraintes mondiales. « Les effets de proximité sont recherchés par les acteurs lorsqu'ils permettent de retrouver les avantages comparés que la concurrence sans coopération ne permet pas d'obtenir. Si cette hypothèse se vérifiait, on devrait admettre que dès lors que la croissance revient, et que les marchés mondiaux se retrouvent mieux stabilisés et maîtrisés, l'incertitude diminue ; on assisterait ensuite à l'affaiblissement des liens de proximité. En d'autres termes, le coût de la coopération devenant supérieur au coût de la non coopération, les stratégies d'acteurs iraient dans le sens de la déterritorialisation »[19].

Si l'on se place maintenant du point de vue de la seconde hypothèse, cette vision apparaît immédiatement comme excessive, voire erronée. Elle l'est sans conteste si l'on considère que la complexité de l'ensemble mondial va en se renforçant. Face à cet univers, à la fois vaste et opaque – c'est-à-dire fait d'informations incomplètes, incertaines et coûteuses au fur et à mesure qu'on embrasse des espaces plus étendus et plus lointains – on est tenté de penser que les acteurs préféreront généralement le territoire le plus immédiat correspondant à leur espace « naturel » de perception (la localité, le département, la région, etc.). Mais, cela n'est ni totalement certain, ni bien entendu systématique.

18 Pour une justification et une discussion de cette hypothèse, cf. B. Pecqueur, op. cit.

19 Ibid.

3.3. Un seul monde, plusieurs territoires

Soucieux de comprendre les inscriptions spatiales des activités productives, les théoriciens de l'espace et les économistes mettent en lumière plusieurs modes de territorialisation des activités économiques. Une première catégorie de contributions met en exergue le processus d'internationalisation des flux économiques. L'extraversion de l'économie est présentée comme le dispositif de réponse ou d'adaptation à la crise engendrée par les stratégies des acteurs économiques ; c'est-à-dire, d'une manière générale les firmes industrielles, les banques avec la bénédiction de l'Etat. Le bilan est, ici, celui d'un resserrement des liens entre les principales composantes de l'économie mondiale (pays, groupes de pays, etc.) voire de leur intégration croissante (Lipietz, 1992).

Une deuxième catégorie rend compte de l'essoufflement du mode de régulation keynésiano-fordiste. L'espace de l'économie nationale est présenté comme traversé par un vaste mouvement de recomposition du système productif avec, comme principaux vecteurs, la recomposition des systèmes industriels et la redéfinition du rapport salarial. Cette recomposition montre un phénomène concomitant de « fuite » au profit du niveau mondial et du niveau « local » (Boyer, 1985).

Un troisième groupe d'auteurs, enfin, décrit le processus de réhabilitation de « l'espace vécu », c'est-à-dire de « retour » au local. S'appuyant sur l'expérience de très nombreux exemples de districts industriels en Italie, en France et ailleurs, ils montrent, dans la voie tracée par quelques théoriciens italiens, principalement G. Becattini et V. Capecchi, l'originalité du processus d'endogénéisation de l'activité économique grâce à la mise en valeur d'avantages locaux humains financiers, relevant d'actifs particuliers ou de ressources spécifiques[20].

Ces trois voies n'excluent ni la diversité des approches au sein de chacune des catégories, ni l'existence d'interférences entre les catégories. Ainsi, les « localistes » peuvent être différenciés entre les tenants d'une analyse en termes de « districts industriels ou technologiques », ceux qui mettent en avant les « milieux innovateurs », ceux qui s'intéressent

---

[20] Certains documents présentent un panorama synthétique des références ou des débats : B. Ganne, « Les approches du local et des systèmes industriels locaux, esquisse de bilan critique du cas français », *Revue de Sociologie du Travail*, n° 4/91 ; Courlet C., Pecqueur B., Soulage B., Industrie et dynamiques de territoires, *Revue d'Economie Industrielle*, n 64, 2ème trim. 1993, pp. 7-21 ; Pyke F., Sengenberger W., Industrial Districts and Local Economic Regeneration, ILO, Genève, 1992; V. Peyrache, « Le district industriel : un nouveau modèle d'organisation spatiale de la production et du développement régional ? », Problèmes Economiques, n°2262, fév. 1992.

particulièrement aux « phénomènes technopolitains » et ceux qui étudient les « systèmes territoriaux d'innovation ». On s'en rend vite compte, l'homogénéité de langage est loin d'être acquise, y compris à l'intérieur de chacune de ces tendances[21]. Cependant, des interférences existent aussi entre les trois niveaux d'analyse considérés ci-dessus. Ainsi, pour certains, la contradiction entre les niveaux mondial et local est seulement apparente, les mutations à l'échelle mondiale devant avant tout s'analyser à travers la capacité locale des acteurs économiques - firmes, décideurs publics, groupements d'intérêt - à s'adapter au changement (Pecqueur, 1991 ; Rowe et Veltz, 2001).

BIBLIOGRAPHIE

ABDELMALKI, L., COURLET, C., 1996, *Les nouvelles logiques du développement,* L'Harmattan.

ABDELMALKI, L., CROZET, Y., DUFOURT, D., SANDRETTO, R., 2005, *Les grandes questions de l'économie internationale,* Armand colin, 2ème édition.

AMIN, A., ROBINS, K., « Le retour des économies régionales ? La géographie mythique de l'accumulation flexible » in G. Benko, A. Lipietz (Sous la dir.), *Les régions qui gagnent*, PUF.

ANDREFF, W., 1995, *Les multinationales globales,* Coll. Repères, n° 187, La Découverte, Paris.

ANTONELLI, C., 1988, Les nouvelles technologies de l'information et l'économie industrielle, in *Technologies de l'information et nouveaux domaines de croissance*, Paris, OCDE.

BANVILLE, E., 1984, *L'entreprise entre la PMIsation et les réseaux de solidarité*, CRESAL, Saint-Etienne.

BENKO, G., LIPIETZ, A., 1992, *Les régions qui gagnent*, PUF.

BOUABDALLAH, K.H., MASSARD, N., 1996, Globalisation technologique et compétition des territoires, in *Les nouvelles logiques du développement*, L. ABDELMALKI et C. COURLETEDS, L'Harmattan.

CASSETTE, B., 2002, *Le développement numérique des territoires*, coll. Territoires en mouvement, la Documentation Française.

CHARLES, T.H., 2011, *Plaidoyer pour la sous-traitance industrielle*. Edition de l'Harmattan.

CHESNAIS, F., 1995, *La montée des firmes-réseaux*, Alternatives Economiques, Hors-série n° 23, janvier 1995.

21 Cf. Actes du Colloque de Grenoble, op. cit.

CROZET, Y., MUSSO, P., 2003, *Réseau, services, territoires. Horizon 2020*, coll. Bibliothèque des territoires, Editions de l'aube, DATAR.
CUSSET, CJ.-M., VULIN, B., 1991, « Espace, région et développement », Informations et Commentaires, n° 77, oct.-déc.
DUPUY, G., GENEAU DE LAMARLIERE, I., 2007, *Nouvelles échelles des firmes et des réseaux. Un défi pour l'aménagement*, L'Harmattan.
GORDON, R., 1990, Systèmes de production, réseaux industriels et régions : les transformations dans l'organisation sociale et spatiale de l'innovation, *Revue d'Economie Industrielle*, n° 51, 1er trimestre.
JOSSELIN, J.M., CLIQUET, G., 2002, *Stratégies de localisation des entreprises commerciales et industrielles. De nouvelles perspectives*, De Boeck.
LIPIETZ, A., 1992, Le local et le global : personnalité régionale ou interrégionalité, Colloque Industrie et Territoire : les systèmes productifs localisés, Grenoble 21-22 oct.
MADIES, T.H., PRAGER, J.C., 2008, *Innovation et compétitivité des régions*, Rapport du Conseil d'Analyse Economique (CAE).
MOUHOUD, E.-M., 2004, *Mondialisation et localisation des activités de R&D*, Les Cahiers français, n° 323.
OHMAE, K, 1990, *The Borderles World*, Londres, Collins.
ORTIZ, R.F., LOMBARDO, G.F., 2009, *Influence of the capacities of top management on the internationalization of SMEs*, Entrepreneurship and Regional Studies, vol. 21, n°2, pp. 131-154.
PAUL, CH., 2007, *Le défi numérique des territoires*, Editeur n/a.
PECQUEUR, B., 1991, « Le local, clé d'analyse des mutations mondiales », *Informations et Commentaires*, n° 77, oct.-déc.
PERRAT, J., 1990, « Gestion des externalités et nouvel usage des formes « région » et « Europe », *Problèmes Economiques*, n° 2156, janv.
PERROUX, F., 1961, *La firme motrice et la région motrice*, in Cahiers de l'ISEA, Série AD.
PERROUX, F., 1982, *Dialogue des monopoles et des nations,* Grenoble, PUG.
PERROUX, F., 1991, *L'économie du XXème siècle*, Grenoble, PUG, (1ère édition en 1961, PUF).
BOYER, R., 1985, « Les alternatives au fordisme. Des années 1980 au XXIème siècle » in G. Benko, A. Lipietz. (Sous la dir.).
BOYER, R., 1985, « Les approches en termes de régulation : présentation et problèmes de méthodes », *CEPREMAP*, n° 8523, juillet, Paris.
ROWE, F., VELTZ, P., 2001, *Entreprises et territoires en réseaux*, Presses de l'Ecole nationale des ponts et chaussées.

SCOTT, A.J., STORPER, M., 1987, High Technology Industry and Regional Development : A Theorical Critique and Reconstruction, *International Social Science Journal*, vol. 12, n°1.
VELTZ, P., 2007, *Mondialisation, villes et territoires*, PUF.
VODOZ, L., 2001, *NTIC et territoires : enjeux territoriaux des nouvelles technologies de l'information et de la communication*, Presses Polytechniques et Universitaires Romandes (PPUR).
WALKER, R., 1988, *The Geographical Organization of Production Systems*, Society and Space.

INTELLIGENCE ECONOMIQUE ET COMPETITIVITE DE L'ENTREPRISE MAROCAINE : QUELLE INTERACTION ?

Zahra MANSOURI
Professeur à la Faculté des Sciences Juridiques, Economiques et Sociales, Université Ibn Tofail – Kenitra, Maroc

Introduction

Dans un environnement globalisé, soumis à une concurrence croissante, le Maroc à l'instar des autres nations est préoccupé par l'élaboration des outils qui lui permettront de démontrer ses nouvelles capacités en matière de puissance économique, culturelle et technologique afin d'assurer la pérennisation de son développement. Dans ce contexte, l'IE s'entend comme un type de management innovant motivé principalement par les mutations rapides des technologies et flux de l'information et, partant, du besoin d'une maîtrise stratégique de la décision.

Cette démarche se veut avant tout pragmatique car appliquée concrètement dans les organisations, en interne et en externe, pour être utile et cohérente à plusieurs échelles et dans l'ensemble des secteurs de l'économie ; ses finalités sont de structurer le développement des entreprises, des organisations publiques, mais aussi des territoires. Dans la compétition économique actuelle, l'important n'est pas de participer, c'est de gagner ! Ceci est vrai pour toute entreprise, quelle que soit sa taille.

La démarche d'IE doit apporter les moyens offensifs d'accroître sa compétitivité et de viser l'innovation permanente tout en veillant à la sécurité de son patrimoine (Jakobiak, 2009). Le système productif marocain, dominé par des petites et moyennes entreprises, ne dispose pas pour l'heure d'une capacité compétitive élevée face à l'intensification de la concurrence nationale et internationale. Cet état de fait impose la restructuration des entreprises marocaines dans le but d'accélérer l'accès à de nouveaux marchés ou à de nouvelles productions au meilleur rapport bénéfice/coût.

La compétitivité est un tout indivisible, un complexe de facteurs, un ensemble. Elle relève pour une part importante des réalités de l'écosystème de l'entreprise : l'Etat, son administration, ses institutions, les collectivités territoriales et les organisations professionnelles constituent les acteurs de cette complexité. La mise en œuvre d'une stratégie de compétitivité suppose de considérer :

- le positionnement de l'entreprise sur des créneaux porteurs ;
- la production de produits de qualité répondant à la demande mondiale ;
- la maîtrise des délais de livraison ;
- la connaissance renouvelée des circuits de commercialisation ;
- la maîtrise et la protection de l'information stratégique pour tout acteur économique ;
- l'innovation dans les technologies susceptibles d'accroître la capacité d'anticipation des entreprises pour adapter leurs stratégies aux évolutions du marché.

Ces aspects sont importants et leur concrétisation dépend beaucoup de :

- l'aptitude de l'Etat à faire respecter des règles du jeu transparentes ;
- l'existence d'une administration qui facilite activement la mise à niveau du tissu productif ;
- l'amélioration de l'environnement des affaires ;
- la disponibilité d'un système réglementaire transparent et adapté ;
- l'existence d'un système de veille performant.

En ce sens, la compétitivité est une performance globale. Elle ne concerne pas seulement le tissu productif, le territoire et leurs structures de gestion et exige de structurer différents outils dans une stratégie nationale qui trouve sa cohérence et son unicité dans le concept de l'IE. Cette stratégie, et ses manifestations concrètes au travers de différents organismes, privés, publics ou associatifs, doivent nourrir la compétitivité des acteurs du tissu de production et s'alimenter d'une évaluation des paramètres qui y participent.

Notre communication a pour finalité d'éclairer l'interaction entre l'IE et l'objectif de compétitivité de l'entreprise marocaine à travers la réponse aux questions ci-après :

- Qu'est-ce que l'intelligence économique ?

- Pourquoi utiliser l'intelligence économique dans la gestion de l'entreprise ?
- A quoi sert l'intelligence économique ?

Afin de mettre en exergue ce volet, il nous semble très important d'exposer l'expérience marocaine en cette matière et ce à travers l'analyse du rapport IE et compétitivité de l'entreprise marocaine.

1. Définition de l'intelligence économique

L'origine du concept d'« intelligence économique » n'est pas française[22], toutefois, les britanniques parlent de « business intelligence », renseignement des affaires, tandis que les américains énoncent « compétitive intelligence », renseignement concurrentiel, pour ce qui au Maroc reste hérité principalement du concept francophone. De fait, il existe plusieurs définitions de l'IE, la notion ayant fait l'objet de divers débats conceptuels et son but restant de définir un cadre stratégique transverse.

La toute première définition du concept apparaît en 1967 dans un ouvrage d'Harold Wilensky. Il a défini l'IE comme l'activité de production de connaissances servant les buts économiques et stratégiques d'une organisation, recueillie et produite dans un contexte légal et à partir de sources ouvertes. Cette définition distingue l'IE de l'espionnage économique : elle se développe dans l'ouverture des données et l'utilisation de moyens légaux.

En France, ce sont les travaux du Commissariat général au plan avec le rapport d'Henri Martre en 1994 qui permettent de préciser le concept et d'y atteler une réflexion globale. Ce rapport définit l'IE comme l'ensemble des actions coordonnées de recherche, de traitement et de distribution, en vue de son exploitation, de l'information utile aux acteurs économiques. Ces actions sont menées légalement avec toutes les garanties de protection nécessaires à la préservation du patrimoine de l'entreprise, dans des conditions étudiées de délais et de coûts.

Il précise que « l'information utile est celle dont ont besoin les différents niveaux de décision de l'entreprise ou de la collectivité, pour élaborer et mettre en œuvre de façon cohérente la stratégie et les tactiques nécessaires à l'atteinte des objectifs définis par l'entreprise dans

---

[22] Jean-Pierre Dufau : rapporteur sur l'intelligence économique au sein de la Commission de la Coopération et du Développement relevant de l'Assemblée Parlementaire de la Francophonie, session du 6 au 7 Juillet 2010.

le but d'améliorer sa position dans un environnement concurrentiel. Ces actions au sein de l'entreprise s'ordonnent autour d'un cycle ininterrompu, générateur d'une vision partagée des objectifs de l'entreprise ».

Selon ce rapport la notion de l'IE implique « le dépassement des actions partielles désignées par les vocables de documentation, de veille, de protection du patrimoine concurrentiel, d'influence. Ce dépassement résulte de l'intention stratégique et tactique ». Faisant le constat du quasi-immobilisme des pouvoirs publics français depuis la parution du rapport Martre qui, associé à une absence de coopération entre la sphère publique et la sphère privée, Bernard Carayona a plaidé pour une politique publique d'IE basée sur quatre axes :

- renforcement de la compétitivité en accompagnant les entreprises dans la conquête des marchés étrangers ;
- élaboration d'un dispositif de sécurité économique déclinée dans le domaine des réseaux d'information, des processus industriels et de l'instrument juridique (propriété intellectuelle notamment) ;
- mise en place d'une stratégie d'influence en matière d'anticipation normative ;
- déploiement sur l'ensemble du territoire d'actions de sensibilisation et de formation adaptées aux besoins des acteurs économiques.

Selon Carayon, le rôle des pouvoirs publics est fondamental dans le domaine de la sécurité économique, dans la production-démocratisation des informations nécessaires à la prise de décision vers la conquête de marchés ; pour le bénéfice d'une nation en pleine prise en main de son potentiel géostratégique, l'appui à l'expansion commerciale internationale des PME et du pouvoir financier de l'économie marocaine devra donc constituer une priorité des pouvoirs publics. La circulation de l'information, entre sphère publique et secteur privé, a aujourd'hui fait l'objet d'une reconnaissance commune à l'Europe et au Royaume Chérifien ; comment en faire l'élément capital de la réussite de la politique publique d'intelligence et de sécurité économiques ? Pour Christian Harbulot, l'IE se définit comme : « la recherche et l'interprétation de l'information accessible à tous, afin de décrypter les intentions des acteurs et de connaître leurs capacités.

Elle comprend toutes les opérations de surveillance dans l'environnement concurrentiel et se différencie du renseignement traditionnel par la nature de son champ d'application puisqu'elle concerne le domaine des informations ouvertes ; ce qui exige donc le respect d'une déontologie crédible, l'identification de ses acteurs dans la mesure où l'ensemble des personnels et de l'encadrement, et non plus seulement les experts, participent à la construction d'une culture collective de l'information ainsi que de ses spécificités culturelles : chaque économie nationale produit un modèle original d'IE ».

Quoi que l'on pense des notes ci-dessus, il sera pour la suite admis que la recherche d'une information pertinente nécessite donc, d'agir. Pour le moins en essayant de maitriser ses activités de veille, de sécurité et d'influence :

- Une veille quant à la maîtrise de sa communication et d'un acheminement différencié des informations stratégiques entre collaborateurs.

Afin d'acquérir l'information stratégique pertinente, la veille consiste en une démarche quotidienne de recherche, de recueil, de traitement et de diffusion de l'information. Cette activité se déclinera pour l'entrepreneur entre :

- Veille technologique (scientifique) : évolutions des technologies actuelles et futures en lien direct ou indirect avec les produits et processus propres à la valorisation de l'entreprise ;
- Veille concurrentielle ou « sectorielle » : chiffres d'affaires, résultats, nouveaux produits, acquisition, etc. des concurrents ;
- Veille commerciale : évolutions des désirs et besoins des clients ;
- Veille environnementale ou sociétale, voire assurancielle : surveillance de la société dans sa globalité, évolutions cachées (économies d'échelles, cycles de vie des composants, comportements de la clientèle et de l'opinion publique, modes de vie et évolutions sociétales, etc.) ;
- Veille financière : sources de financement, opérations financières, fusions-acquisitions, stratégie du partenariat, développement durable ;
- Veille organisationnelle : évolution des métiers, modularité de la production, nouvelles formations et validation du parcours de collaborateurs, prise en main des compétences et individuation, responsabilité, des personnes-clés de l'organisation ;

- Veille juridique : normes et règlements, projets de loi, jurisprudence, polémiques autour des projets normatifs, jurisprudences, lobbying (Costa, 2008).

La veille vise notamment dans l'activité journalière à surveiller et décrypter l'environnement concurrentiel et à déceler les signaux faibles révélant des tendances émergentes. Elle fait bien entendu un large usage des nouvelles technologies de l'information à travers l'internet mais aussi (et, parfois, surtout), elle fait appel au facteur humain, à des experts, à des documents écrits non numérisés, des paroles, des médias, des principes, etc.;

La sécurité cherche à ne pas laisser connaître ses secrets mais les diffuser : il ne suffit pas de recueillir l'information stratégique sur l'environnement concurrentiel. Un bon système de recherche d'information s'accompagne obligatoirement d'un dispositif approprié de sécurisation du patrimoine informationnel. Il s'agit d'assurer une sécurité physique, informatique et pérenne du patrimoine immatériel de l'entreprise. Concrètement, ceci peut être fait via :

- un audit des vulnérabilités et menaces ;
- une sensibilisation du personnel en définissant des actions préventives intégrées à la stratégie de l'entreprise ;
- une identification des menaces pesant sur les systèmes d'information ;
- l'intégration ou la sous-traitance de la protection du patrimoine immatériel ;
- une stratégie de la propriété intellectuelle.

Au-delà de la défense de l'information, sa sécurisation à l'échelle nationale inclut les éléments commerciaux, financiers et culturels constitutifs de la prospérité économique aux échelles micro-, mezzo- et macro- de l'activité.

- Une politique d'influence efficace ; propager une information et des normes de comportement et d'interprétation qui favorisent sa propre stratégie.

Pour participer à forger son image, sa « e-réputation », la transparence dans les contrats et l'attitude sur les réseaux sociaux doivent être assurées en conséquence au regard des informations recueillies : l'AFD (Agence française pour le développement) par son service d'IE (AFDIE) avance dans une analyse écosystémique que : « les conditions de la décision sont liées à l'environnement global de l'entreprise, l'influence consiste à modifier favorablement cet environnement et éventuellement à changer à son profit les règles du jeu. La définition et la conduite des stratégies d'influence permettent à l'entreprise de mieux se positionner sur ses marchés, de bénéficier d'une meilleure image, de profiter de normes favorables, de mieux attirer l'attention sur des produits qui répondent non seulement aux besoins des consommateurs, mais satisfont aussi à des règles environnementales en cours d'élaboration, dans le cadre du développement durable.

L'influence comporte la plupart des actions de communication de l'entreprise, de la publicité à la communication institutionnelle et au lobbying. Elle comporte aussi la promotion de l'image, la réplique aux attaques concurrentielles, elle permet la préparation d'opérations marketing et de lancement des produits. L'absence de maîtrise de ses stratégies d'influence -car toute entreprise exerce une influence, même involontaire, sur son environnement - amène l'entreprise à réagir avec retard ou mal à propos face à des attaques qu'elle n'a pas su prévoir et anticiper ». Afin de continuer à clarifier l'idée d'« intelligence économique » dans l'esprit des entrepreneurs et décideurs, il est maintenant primordial de répondre à la question suivante : quelle place ce concept prend-il en pratique dans la gestion de l'entreprise ?

2. L'intelligence économique : outil de gestion des entreprises ?

L'adoption de l'IE comme instrument de gestion des entreprises a été motivée par l'accélération des bouleversements dans l'économie mondiale :

- La mondialisation des échanges, des facteurs qualité, des règles du commerce (OMC, AGCS, etc.), des normes et labels permettant l'accès aux différents marchés pose dans son ensemble une question : y a-t-il émergence de réseaux mondiaux de productique auxquels s'intégrer serait le premier défi d'un pays jeune comme le Maroc ?

Depuis l'indépendance, deux actions concrètes ont accompagné le mouvement mondialisé de l'économie :

- Le Maroc a cherché à développer une offre de services qui permette à une classe moyenne d'émerger dans sa société et commence à accéder aujourd'hui au dynamisme industriel nécessaire pour produire les nombreux biens de consommation « de masse », mondialement standardisés.
- L'échange de messages entre interlocuteurs, la conversation, le dialogue se sont aussi libéralisés au fur et à mesure que l'activité croissait dans le pays. Pour certains économistes, le

monde serait devenu un grand centre commercial où se déroule tout type d'échanges et où le marché financier peut être considéré comme le plus mondialisé de tous les autres marchés. Le Maroc a su ces quinze dernières années donner un écho à cette réalité : meilleure transparence des actualités boursières, économiques, renouvellement de la politique des marchés publics, petits pas vers l'acquis institutionnel du voisin européen.

Dans cet ensemble en cours de formalisation qu'est l'économie nationale, le Maroc profitera de plus en plus de sa position géographique et stratégique en prenant à l'avenir en compte :

- L'intensification de la concurrence internationale, avec un rôle accru de l'innovation et du capital humain dans la construction des avantages compétitifs des nations.
- La prééminence des services : la mondialisation de l'économie s'est accompagnée d'une intensification des échanges internationaux et de leur diversification. La structure du commerce mondial est dominée par la croissance du commerce des services. Ce qui témoigne que les perspectives de croissance des marchés mondiaux les plus prometteuses se trouvent dans les services.
- La complexité et la vitesse de l'information : la mondialisation croissante des économies est largement impulsée par l'essor remarquable des nouvelles technologies de l'information et de la communication (TIC).

Ces paramètres mettent les Etats et les entreprises face à une masse d'information surabondante dont la portée et la pertinence requièrent la mise en place d'un dispositif dit « d'intelligence économique ». *Ce qui distingue les entreprises c'est leur capacité de recueil, de traitement et d'analyse de l'information servant la décision. Il faut souligner également que les industries jeunes sont celles où l'information est créée et traitée à haute vitesse ce qui doit engendrer l'accroissement de la taille de la firme dû fait-même de l'internalisation de l'information produite.*

Nous relèverons donc les nouvelles exigences liées à la disponibilité d'une information à jour, complète et spécifique. Devant ces changements, tout pays se trouve confronté à deux choix :

- Le premier consiste en un comportement isolationniste et au risque d'une marginalisation par rapport à l'évolution de l'économie mondiale ;

- Le second met l'accent sur une participation active à l'économie mondiale afin de relever les défis de la concurrence et de la compétitivité.

Pour tirer profit des opportunités qui se présentent sur la scène mondiale, le Maroc a opté pour le deuxième choix pour faire face à :

- Un contexte mondial en mutation rapide, dont le rythme s'accélère encore sous l'effet conjugué des crises économiques et financières, laissant entrevoir un nouvel ordre concurrentiel, avec de nouvelles règles de définition des avantages compétitifs ;
- Des enjeux mondiaux déterminants reflétant la nécessité d'aborder la compétitivité en termes globaux ou systémiques tenant compte de :
  - l'évolution démographique contrastée ;
  - déséquilibres environnementaux;
  - la globalisation financière;
  - l'accélération du développement technologique.

A la lumière de ce qui précède, il apparaît que l'IE est l'outil de gestion permettant aux entreprises d'affronter avec l'aide des institutions le changement permanent dans lequel l'économie mondiale est engagée.

Ce constat nous pousse à approfondir, encore, la réflexion en s'interrogeant sur l'utilité de ce concept. Autrement-dit : à quoi sert l'intelligence économique ?

3. L'intelligence économique : à quoi ça sert ?

Les quatre principaux objectifs de l'adoption de l'IE comme outil de gestion se manifestent en tiroirs[23] :

- mieux voir pour mieux comprendre ;
- mieux comprendre pour mieux agir ;
- mieux agir pour mieux diriger ;
- mieux diriger pour mieux renforcer sa compétitivité.

Mieux voir pour mieux comprendre

C'est le premier apport de l'IE et se fait :

- En identifiant les zones d'ombre : pour les entreprises, les zones d'ombre sont nombreuses et de différentes natures :

---

[23] Marc Audigier, Gerard Coulon et Patrick Rassart in « L'intelligence économique : un nouvel outil de gestion » édition Maxima, Paris, 2003.

- la complexité de l'impact des évolutions caractérisant le monde pour l'entreprise;
- les secrets protégés par l'encadrement législatif et réglementaire ;
- les secrets des affaires ;
- la désinformation involontaire ou volontaire ;
- la surinformation.

Dans ce cadre, l'IE doit donner aux dirigeants une vision claire englobant les informations détenues par l'entreprise et celles venant de sources extérieures ;

- En perçant ces zones d'ombre : pour obtenir des informations, percer les secrets cachés volontairement ou non par les partenaires ou les concurrents, la démarche de l'IE permet aux dirigeants de recourir à deux techniques professionnelles : l'échange à travers les réseaux humains et la méthode dite d' « inférence » ;
- En apprenant à mieux s'informer : par ses méthodes de questionnement, l'IE provoque une ouverture d'esprit et génère des réflexes d'apprentissage de l'environnement. Le dirigent sera, toujours, amené à l'écoute de la culture des autres.

Mieux comprendre pour mieux agir

La démarche de l'IE aide le dirigeant, pour mieux comprendre le contexte national et international et agir à temps, à :

- Hiérarchiser les priorités : deux considérations poussent le dirigeant à hiérarchiser les priorités :
  - l'environnement de l'entreprise change;
  - les contraintes qui pèsent sur le dirigeant se multiplient ;

Dans ce cadre, les priorités du dirigeant doivent coller avec les outils dont il dispose.

- Identifier de nouveaux repères et les mettre à jour en permanence : ces nouveaux repères doivent faciliter non seulement la prise en compte des situations de crise mais aussi leur gestion. Ceci permet au dirigeant d'avoir des réactions réflexes et par conséquent de rester vigilant ;
- Définir une vision globale et cohérente lui permettant de résoudre les situations complexes via la mise en œuvre et le

pilotage de nouveaux outils adaptés comme une méthode structurée; war-room, think-thank, notamment, ont pour but :

- de permettre à l'entreprise de se focaliser sur ce qui est indispensable pour sa survie et son développement ;
- de faciliter le pilotage de l'entreprise en identifiant les nouveaux repères ;
- d'appréhender et d'affronter les difficultés complexes.

Mieux agir pour mieux diriger

Trois éléments permettent au dirigeant d'une entreprise de mieux agir pour mieux diriger. Ils sont le fruit de la disponibilité d'un dispositif assurant :

- la prévention et l'affrontement des attaques : une vision claire, propre à l'entreprise, pour identifier, traiter et éviter les incidents, les menaces et assurer sa sécurité ;
- l'amélioration de la mobilité de l'entreprise et sa vitesse de réaction ; ce, en recueillant l'information fiable et en dynamisant les échanges d'informations et de connaissances qualitatives ;
- l'influence sur l'environnement : pour élaborer une politique d'influence, le dirigeant d'une entreprise doit se référer à la démarche d'intelligence économique qui l'aidera à définir :
  - les modalités de sa mise en œuvre ;
  - les impacts déterminants ;
  - le moment d'intervention ;
  - l'évaluation des résultats.

Mieux diriger pour mieux renforcer sa compétitivité

Enfin, un quatrième apport de l'IE c'est de diriger une entreprise et la rendre compétitive ce qui permettra d'accéder aux informations nécessaires, de les traiter de façon efficace en interne et d'anticiper sur les marchés à venir :

- appréhender les stratégies de ses concurrents ;
- diffuser correctement les informations en interne ;
- préserver ses avantages compétitifs.

L'ensemble de ces actions synthétise l'IE comme levier de la compétitivité des entreprises et des économies.

4. Les dispositifs existant au Maroc

L'adoption de la démarche d'intelligence économique par les entreprises marocaines s'impose comme une nécessite garantissant leur bonne gouvernance et leur épanouissement. Actuellement, il s'agit de convaincre les entreprises, particulièrement les PME de s'approprier des mécanismes et une organisation visant à pratiquer l'IE.

Ces petites structures, en particulier, manquent d'investissements à ce sujet. Elles ne croient en l'IE que lorsque leurs concurrents y font recours et que les résultats attendus sont meilleurs. La tentative de sensibilisation des PME devient encore plus difficile lorsque leur environnement ne contient pas d'organisme qui pratique l'IE. Dans le bassin méditerranéen, nous avons une culture qui n'encourage pas l'échange d'information. Cette réalité s'impose surtout dans le monde des affaires, où chacun garde l'information pour soi.

Selon certains économistes, l'IE se définit comme la compréhension d'une situation. Autrement dit, essayer de décoder ce qui se passe. Le terme en Anglais renvoie au renseignement pur ; se renseigner pour comprendre. Ce sont deux approches différentes, mais qui ont le même résultat. Il faut se renseigner pour comprendre et à partir de là trouver une solution.

Dans un monde où l'information et la connaissance sont des avantages concurrentiels. Tout pays qui pratique l'IE, aidera ses entreprises à prendre de l'avance. Le Maroc est conscient de cette réalité. Il n'y a pas de doute là-dessus. Les associations et les pouvoirs publics, notamment la primature, travaillent sur un projet dédié à l'IE.

C'est ainsi dans une optique de compétitivité nationale et internationale que cette démarche a fait son apparition au Maroc dans les années 90. En effet, les grandes entreprises[24] se sont dotées, à cette époque, de cellules de veille pour protéger leur développement et leurs investissements.

D'autres initiatives plus générales ont été menées par des organismes ou des associations. Citons l'exemple de l'Association Recherche et Développement Maroc qui organise régulièrement des séminaires sur l'innovation, la veille et la compétitivité. Ces différentes initiatives ont pu sensibiliser les différents acteurs, privés et publics, aux enjeux liés à la mise en place de structures de veille.

---

[24] Telles que l'ONA (Omnium Nord Africain), l'ONE (Office Nationale d'Electricité), l'OCP (Office Chérifien de Phosphate), la CDG (Caisse de Dépôt et de Gestion ou encore l'ONCF (Office National des Chemins de Fer).

Les secteurs du tourisme et des investissements directs étrangers (IDE) sont des domaines où la veille trouve son terrain de prédilection. Autant d'interrogations doivent être soulevées : Comment le Maroc est-il perçu ? Que font les pays concurrents ? Quelles sont les menaces qui pèsent sur le pays ? Comment évaluer le risque Pays ?

Pour répondre à ces questions, le gouvernement marocain a décidé de mettre en place le Centre de Veille Stratégique (CVS). Ce centre est une structure instituée auprès des services du Premier ministre, son action s'inscrit dans la stratégie nationale d'IE. Il a pour mission d'observer les mouvements de capitaux étrangers, à travers le monde en rapport avec le Maroc, en se focalisant sur certains secteurs spécifiques.

Pour réussir l'appropriation de l'IE en tant qu'outil de gestion, l'innovation technologique est devenue une priorité nationale. C'est le CNRST (Centre National pour la Recherche Scientifique et Technique) et l'IMIST (Institut Marocain de l'Information Scientifique et Technique) qui coordonnent, depuis 2001, les sciences et les technologies au Maroc.

D'autres initiatives personnelles ont été lancées pour promouvoir la veille et l'IE au Maroc. La création, en 2006, de l'association marocaine de l'IEpar Driss Alaoui Mdaghri[25] en collaboration avec des acteurs appartenant au secteur privé, à l'administration et au monde de la recherche en est l'exemple type. Elle a pour mission de mettre à la disposition des acteurs locaux des outils d'aide à la décision sur des thèmes d'intérêt primordial pour la région. Elle se fixe comme missions :

- d'être « un cercle de réflexion et un levier d'impulsion à la disposition de toutes les organisations (entreprises, administrations et associations professionnelles) pour les informer, les accompagner et les assister en matière d'IE ;
- de fédérer les efforts des acteurs et des structures d'IE au Maroc ;
- de promouvoir le développement des formations en matière d'IE au Maroc.

Sur le Web, « Veille.ma » est le premier portail marocain qui traite de la veille et de l'intelligence économique. Ce portail bilingue (français/arabe) se compose d'un observatoire de l'économie regroupant des informations quotidiennement mises à jour sur l'économie nationale et principalement sur les secteurs économiques stratégiques pour le Maroc. Un second observatoire du site y est dédié au monde de la veille

[25]Ancien ministre (Energie et Mines, Jeunesse et Sports, Communication) et enseignant dans nombre d'écoles/universités,

et d'intelligence avec, en supplément, un annuaire de sites spécialisés et d'outils de veille.

La mise en place d'un Comité de veille stratégique (CVS) le 4 février 2009, par le Ministère de l'Economie et Finances, démontre l'intérêt majeur accordé à l'IE et à la VS par les institutions gouvernementales en pleine rénovation au Maroc.

Le CVS est chargé de mettre en place des mécanismes de concertation et d'amélioration de la réactivité vis-à-vis de la crise économique et financière internationale. Il doit également constituer une force de proposition pour le gouvernement en préconisant les mesures de soutien nécessaires aux secteurs vulnérables face à la crise et suivre la situation économique par la mise en place d'indicateurs pertinents.

Le Ministère des Finances compte également dans son organigramme la Direction des Etudes et des Prévisions Financières (DEPF). Sa principale prérogative est d'éclairer le Ministère en matière de politique économique à travers des études, des réflexions et des moyens de prévisions. Tout ceci pour dire que la culture de veille cherche à s'ancrer dans le fonctionnement du Ministère.

Selon le ministre, c'est en amont que les pratiques de l'IE et la VS se situent avec la mise en place du système d'informations adéquates et un élargissement de la concertation entre les différentes directions. En ce sens, le travail en groupe et la concertation sont les pivots de ces deux pratiques.

De leur côté, les associations professionnelles ont également suivi la tendance, notamment la CGEM (Confédération Générale des Entreprises du Maroc) et l'AMITH (l'Association Marocaine des Industries du Textile et de l'Habillement). En effet, pour contribuer au renforcement du travail de la cellule de VS mise en place par le gouvernement, la CGEM et l'AMITH ont constitué des cellules de veille pour consolider la compétitivité dans les secteurs qui les concernent pour travailler de concert avec celle du Ministère des Finances. Une autre expérience pilote en matière de veille est à prendre en compte. Il s'agit des efforts déployés par l'Institut Royal des Études Stratégiques (IRES).

Le contexte particulier caractérisant le Maroc a précipité l'essor de cette institution comme le témoigne l'extrait du discours de Sa Majesté le Roi[26] « ...Notre pays vit une transition globale qui nécessite le renforcement de ses capacités d'analyse, d'adaptation et d'anticipation. Aussi, avons-Nous décidé de créer un IRES pour remplir cette mission

---

26 Extrait du Discours du Trône de Sa Majesté Le Roi Mohammed VI du 30 juillet 2003.

essentielle, afin d'être en interaction permanente avec les changements et de maîtriser et agir sur les mutations profondes qui s'opèrent aux niveaux interne et externe … ».

L'IRES, ouvert sur le monde extérieur, prône une démarche partenariale à l'échelle nationale et internationale. Sa vision est déclinée dans des activités qui s'articulent autour de trois axes :

- IRES Think tank : Etude des questions stratégiques pour le pays ;
- IRES Veille : Observation et VS notamment en recueillant et en traitant les informations et les données rendues publiques dans les domaines politiques, économiques et sociaux;
- IRES Forum : Centre de débat et d'intelligence collective, dissémination de la réflexion stratégique auprès de différents agents publics ; diplomatie intellectuelle.

La VS est l'une des missions essentielles de l'IRES. Elle s'appuie sur un système d'information prospective (SIP)[27] qui rassemble, ordonne et relie les informations nécessaires à l'analyse prospective et à la réflexion stratégique.

L'apport de l'IRES en matière d'éclairage de la prise de décision, s'opère à travers des notes d'alertes, issues de la veille stratégique, et des notes d'orientation stratégique découlant des études faisant partie du programme scientifique de l'Institut.

A partir des grands défis actuels et futurs du Maroc, l'IRES a défini dix domaines de veille stratégique. Ils permettent de suivre les processus de changement et d'identifier les solutions en mesure d'y faire face et ce à partir d'analyses de recherches et de travaux de prospective menés par l'institut[28].

Ces domaines sont appréhendés dans le cadre d'une vision globale, mettant en évidence leurs interactions et leurs interdépendances afin d'éclairer les questions du présent et de l'avenir sans perdre de vue la richesse de la complexité.

A titre d'illustration, cette vision globale se reflète dans le schéma les domaines de VS ci-après[29] :

---

27 Le SIP permet le traitement de l'information publique en vue de produire l'intelligence prospective et de la mettre au service de la prise de décision stratégique. Derrière sa conception se cache une approche cognitive qui vise à stocker la connaissance, la rendre dynamique, s'assurer de sa non-obsolescence, l'interconnecter pour, enfin, en dégager la signification, nécessaire à la prise de décision stratégique.

28 Domaines de Veille Stratégique : in mission de l'IRES.

29 Op. cit.

Schéma 1 : Les domaines de VS

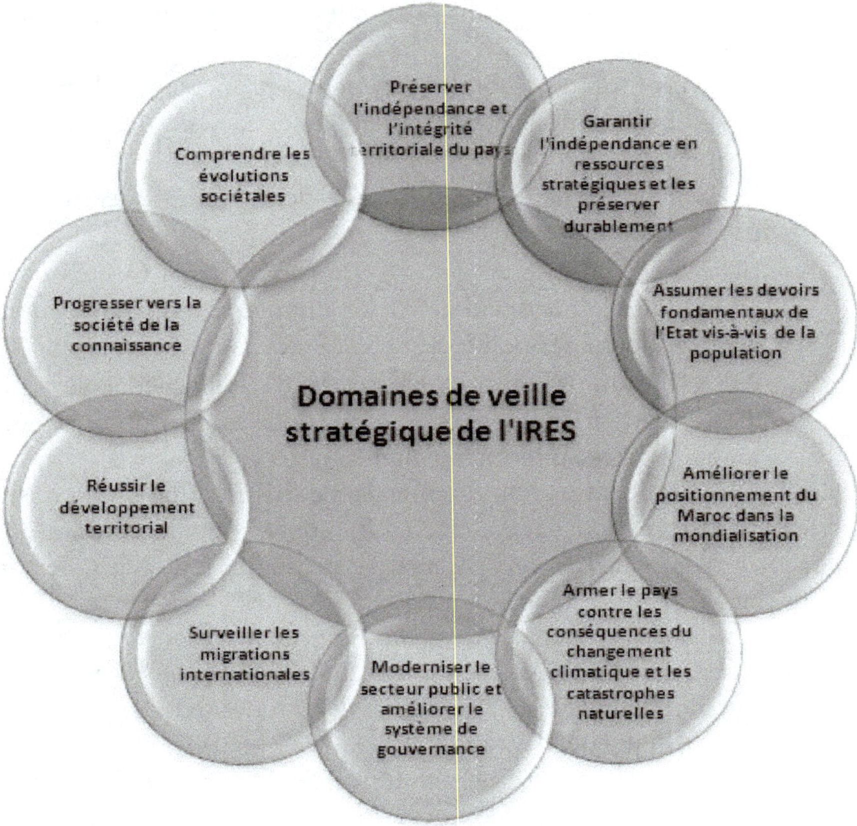

L'analyse des expériences ci-dessus témoigne que la mise en place des dispositifs de veille permet de :

- tirer profit de l'information existante ;
- accéder à l'information pertinente ;
- renforcer la capacité d'analyse et d'anticipation ;
- se prémunir des changements caractérisant la scène nationale et internationale ;
- contribuer à l'instauration d'un système d'IE, principal levier de la compétitivité des entreprises, des territoires et des nations.

Ce constat nous pousse à soulever quelques interrogations :

- Les petites et moyennes entreprises profitent-elles suffisamment des informations existantes pour renforcer leur développement ?
- Ont-elles les moyens de les traiter et surtout de les analyser de manière cohérente ?

- Disposent-elles de systèmes de veille et d'IE pour renforcer leur compétitivité ?
- Quel rôle joue l'Agence Nationale pour la Promotion de la Petite et Moyenne Entreprise (ANPME) dans ce processus ?

Pour répondre à ces questions, on a opté pour le contact direct avec les responsables chargés de la veille relevant du Ministère de l'Industrie, du Commerce et des Nouvelles Technologies (MICNT) et de l'ANPME.

En ce qui concerne le responsable de la veille du MICNT, celui-ci a confirmé que la mission de veille s'est renforcée dans le nouvel organigramme du Ministère qui a[30] :

- répondu aux impératifs de suivi des trois stratégies lancées par ce département, à savoir le Pacte National pour l'Emergence Industrielle, le plan Rawaj et Maroc Numeric 2013 dont la mission globale est de contribuer au développement de l'investissement et à l'amélioration de la compétitivité de la PME ;
- mis en place de la Direction des Statistiques et de la Veille ; avec l'instauration de ses fonctions de pilotage et d'évaluation des stratégies du Ministère, cette direction va assurer :
    - la production de données fiables, cohérentes et actualisées pour le Ministère et pour les PME ;
    - la VS des secteurs du commerce, d'industrie et des nouvelles Technologies.

S'agissant de L'ANPME, le chargé de veille a avancé que cinq points concourent à la mise en place d'un dispositif de veille :

- nécessité pour l'agence de développer une force de veille, pour elle-même, du fait de la mission qui lui est dévolue depuis sa création en 2002 ;
- multiplicité d'activités exigeant la veille ;
- identification de bonnes pratiques qui permettent d'améliorer l'offre de service destinée aux PME ;
- établissement d'une adéquation entre l'offre de service et la demande d'accompagnement des PME ;
- évaluation de l'offre de service.

Ainsi, la mission de veille de l'agence vise :

- le développement des capacités d'anticipation et de réactivité par rapport à l'environnement et aux besoins des PME ;

---

30 Interface : revue du Ministère de l'Industrie, du Commerce et des Nouvelles Technologies (MICNT), N°18-4ème trimestre 2010.

- l'amélioration du rapport efficacité/coût de l'intervention de l'agence.

Le dispositif de veille de l'ANPME se compose :

- d'un système global et intégré de Knowledge Management (KM) ;
- d'une Gestion Electronique des Documents (GED) en :
  - conservant le patrimoine informationnel de l'agence ;
  - accumulant les connaissances acquises ;
  - facilitant l'accès et l'utilisation de ces connaissances.
- d'une veille permanente via :
  - l'instauration d'une cellule de veille ;
  - la coordination du dispositif par un animateur ;
  - le recours à des compétences spécialisées en ce domaine.

L'approche de veille adoptée se décline en :

- Une veille-amont, qui comprend les principaux axes ci-après :
  - benchmark international des meilleures pratiques en matière de consolidation de la compétitivité des entreprises ;
  - veille se rapportant à la coopération nationale et internationale ;
  - veille concernant l'expertise en identifiant les domaines nécessitant un renforcement de l'expertise.
- Une veille-aval, qui se base sur l'évaluation et le feedback (véhiculé via les fiches d'évaluation renseignées par les PME bénéficiaires d'un accompagnement, enquêtes de satisfaction, études d'impact, veille médias).

L'objectif attendu de ce type de veille est de :

- cerner et, le cas échéant, améliorer la perception et l'image de l'agence auprès de ses différents interlocuteurs ;
- ajuster, perfectionner l'offre de services de l'agence et recenser de nouveaux besoins en accompagnement.

Pour remplir cet objectif, la modernisation du dispositif de veille actuel s'impose avec acuité[31] puisque l'agence a entamé une nouvelle phase de son déploiement, caractérisée par le lancement d'un programme volontariste de renforcement de la compétitivité des PME, mis en œuvre dans le cadre du Plan Emergence.

A travers les entretiens qu'on a faits, quatre constats se dégagent :

---

[31] Une nouvelle réflexion est en cours sur le dispositif de veille de l'ANPME.

- Les dispositifs de veille, tant au niveau du secteur privé que du public sont des éléments déterminants pour fonder des systèmes d'IE dans un environnement où la concurrence est de plus en plus acharnée. Leur mise en place est une nécessité pour la survie et le développement des grandes entreprises comme des PME.
- Le concept d'IE reste flou pour beaucoup d'entreprises marocaines. Les décideurs économiques connaissent plus ou moins le concept mais ont du mal à « concevoir ses applications pratiques ».
- La plupart de PME/PMI ne dispose pas d'assez de moyens, ni des compétences adéquates, pour mettre en place des unités de veille. Aussi, les dirigeants ne sont pas sensibilisés à l'importance des outils et des principes de base du concept. Dès lors, si les entreprises ne s'y intéressent pas faute de moyens et de perception des enjeux, l'Etat doit montrer le chemin en aidant les PME à faire le pas vers ces nouveaux outils de management. L'importance, à l'instar d'autres pays, d'une politique publique globale et transparente servant de support à ces entreprises apparaît, pour un Maroc en plein essor industriel et inscrit dans un effort de restructuration de sa politique et de ses institutions, comme l'un des chantiers prioritaires pour accompagner et canaliser les stratégies des dirigeants vers une participation cohérente à notre développement.
- Le dispositif marocain d'IE est nécessaire pour réagir aux nouvelles exigences du Plan Emergence. Dans ce cadre, se manifeste plus encore qu'ailleurs l'importance de ce concept. Aujourd'hui, les sociétés se livrent à des guerres économiques où la bataille des parts de marché, des contrats, et du contrôle des capitaux ne laisse pas la place à l'improvisation d'acteurs isolés de l'investissement structurel et financier de la puissance publique.

Pour exemple, les allemands, les japonais, et surtout les américains ont fait de l'IE un chantier stratégique. C'est dans ce contexte qu'ont vu le jour les fameux war-rooms ; chargés d'effectuer de la VS pour le compte des grandes entreprises américaines, ils permettent de valoriser sur le champ de la concurrence économique le travail des services de renseignement et des organismes de lobbying.

Comme nous l'avons vu, sur le plan conceptuel, il existe deux grandes approches de l'IE. L'une va privilégier son aspect anticipatif et l'autre, son aspect opérationnel. Pour la première, la VS a pour objectif de rechercher des informations à caractère anticipatif concernant l'évolution d'une activité, d'un produit, d'une technologie, etc. Ces informations sont appelées des signaux faibles, leur analyse permet à l'entreprise d'anticiper les évolutions futures et ainsi de mieux positionner ses produits face aux évolutions du marché, technologiques ou normatives, notamment. En ce qui concerne l'aspect opérationnel, il a pour fonction de rassembler, dans un classement thématique, des informations généralement peu accessibles. Son but est d'avoir une meilleure connaissance de l'environnement pour améliorer les prises de décision.

Conclusion : résultats et recommandations

Il ressort de l'étude de l'interaction entre l'IE et la compétitivité de l'entreprise marocaine que :

- L'IE, tant au niveau du secteur privé que du public, est un élément déterminant face à une concurrence internationale de plus en plus féroce.
- Elle commence à peine à prendre racine au Maroc, et perçue comme un phénomène de mode, mais encore loin d'être une pratique systématique.
- C'est une pratique utile car elle sert à identifier les stratégies et les modes de positionnement en vue de définir les modalités d'action.
- La prépondérance des PME dans le tissu économique et l'internationalisation de la concurrence à laquelle elles doivent faire face militent, cependant, en faveur d'une sensibilisation de l'ensemble des entreprises à la démarche d'intelligence économique.

L'information est devenue ressource stratégique pour les acteurs publics et privés, la difficulté n'est plus de l'obtenir mais de la gérer et de la protéger car ce sont ces deux dimensions qui en font un avantage compétitif et qui font de l'intelligence économique un outil stratégique indispensable ;

L'analyse de l'expérience marocaine en cette matière a montré que les initiatives sont nombreuses et concernent des secteurs d'activité très variés mais risquent malgré tout d'être redondantes, alors que l'activité de veille est coûteuse en temps et nécessite des moyens matériels et humains conséquents. Il est, en effet, primordial de coordonner l'ensemble des actions entreprises au niveau national afin d'assurer l'efficacité du dispositif d'IE.

Pour cela, il semble que l'adoption de certaines actions favorisera l'essor de l'IE au Maroc ces actions se déclinent à trois niveaux :

- Au niveau étatique, il faudrait :
  - définir et développer une politique publique nationale d'IE au service de la compétitivité et de la défense des intérêts stratégiques du pays ;
  - développer la fonction prospective afin de décrypter l'avenir et d'atténuer le poids des incertitudes endogènes et exogènes ;
  - définir les secteurs stratégiques et prioritaires d'intervention ;
  - organiser un système national d'information et d'IE ;
  - favoriser la création d'agence centrale d'IE dont la mission serait de collecter toutes les informations utiles au sein des entreprises publiques, des directions régionales, des associations, des chambres de commerces, sans oublier la collecte des informations à l'extérieur du pays auprès des ambassades, des représentants commerciaux à l'étranger, etc. ;
  - mobiliser le monde de l'éducation afin de former les élites et les décideurs au management de l'information (mise en place de référentiel de formation, création de sites internet, généralisation et démocratisation de la « Web-éducation », etc.).
- Au niveau régional, il faut décliner une politique régionale d'information et d'IE destinée à :
  - favoriser l'IE territoriale ;
  - inventer de nouvelles stratégies d'aménagement du territoire en capitalisant sur la valorisation des réseaux locaux de compétence et en favorisant les partenariats publics/privés ;
  - optimiser les flux d'information entre le public et le privé.
- Enfin, au niveau des entreprises, il est indispensable, de :
  - créer et favoriser la mise en place des cellules d'IE dédiées aux PME et PMI ;

- diffuser la pratique d'IE dans les entreprises et développer les réseaux relationnels entre professionnels et grand public (développement social networking, etc.).

BIBLIOGRAPHIE

ALAOUI, R., 2010, *Les défis de l'intelligence économique au Maroc,* Dossier in Conjoncture n°920.

AUDIGIER, M., COULON, G., RASSAT, P., 2003, *L'intelligence économique : Un nouvel outil de gestion,* éd. Maxima.

BELLON, B, 2002, Quelques fondements de l'intelligence économique, in *Revue d'Economie Industrielle*, vol. 98, pp. 55-74.

BRUTÉ de RÉMUR, D., 2006, *Ce que intelligence économique veut dire Comprendre - Comment faire - Prendre du recul*, Editions d'Organisation.

CARAYON, B., 2003, *Rapport du Député au Parlement sur « Intelligence économique, compétitivité et cohésion sociale ».*

CLERC, P., 2005, L'intelligence économique au Maroc, in *Regards sur l'IE*, n°10.

COSTA, N., 2008, *Veille et benchmarking*, éd. Ellipses.

DARRASON, O., 2008, Intelligence économique, in la *Revue du Trésor* n°8-9.

DELBECQUE, E., 2006, *L'intelligence économique : Une nouvelle culture pour un nouveau monde,* éd. Presses Universitaires de France.

JAKOBIAK, F., 2009, *L'intelligence économique : Techniques et outils*, Editions d'Organisation, 2ème édition, Groupe Eyrolles, France.

MARTRE, H., LEVET, J.L., CLERC, P., 1994, *Intelligence économique et stratégie des entreprises*, Editions La documentation française.

MARTRE, H., 1994, *Intelligence économique et stratégies des entreprises*, Commissariat général du plan, La documentation française.

REVUE INTERFACE, 2010, Ministère du Commerce, de L'Industrie et des Nouvelles Technologies, n°18.

LA DECISION D'INVESTISSEMENT EN INTELLIGENCE ECONOMIQUE : EVALUATION ET PRATIQUE DANS LES GRANDES ENTREPRISES MAROCAINES

Mounia SLIMAN
Doctorante chercheur, Faculté des Sciences Juridiques, Economiques et Sociales, Université Ibn Tofail – Kenitra, Maroc

Ahmed EL ABBASSI
Doctorant chercheur, Université Abdelmalek Assaadi, Maroc

Introduction

De nos jours, l'intelligence économique occupe une place prépondérante dans la vie de l'entreprise, et constitue pour les chercheurs en économie et gestion un champ de recherche nouveau. Face à la conjoncture économique mondiale instable, les dirigeants des grandes entreprises se préoccupent être de plus en plus de l'accroissement du niveau des dépenses orientées vers l'IE.

L'implantation des systèmes d'IE commence à se généraliser dans toutes les organisations, de différents domaines et secteurs d'activité. Aussi bien pour les PME que pour les grandes entreprises, les enjeux liés à ces systèmes et outils sont d'une grande importance compte tenu du rôle qu'ils jouent dans le fonctionnement efficient des organisations et leur potentiel compétitif. Ainsi, l'importante financière et stratégique des projets développés par les entreprises en matière d'IE, justifie l'intérêt que les responsables de ces systèmes et leurs directions générales portent à l'évaluation de la décision d'investissement en IE.

Le processus d'évaluation de l'investissement en IE continue de recevoir des surtensions d'intérêt dans des filières très demandeuses en matière d'IE telles que : l'industrie et les services, et représente une décision stratégique qui coûte cher car elle s'inscrit sur le long terme. De ce fait, plusieurs raisons montrent l'importance de cette évaluation au sein des entreprises (Farbey, Targett et Land, 1995), qui sont avancées comme suit :

- La majorité des bénéfices tirés de cet investissement portent un caractère qualitatif ce qui le rendre difficile à quantifier.
- La nécessité de faire un choix entre deux ou plusieurs projets concurrents, surtout si l'allocation du capital est une question centrale pour l'entreprise.
- La difficulté d'accès pour toute entreprise, aux techniques servant dans la quantification des coûts, avantages et risques relevant d'un investissement en IE.
- Le faible niveau de compétences internes (gestion et technique) pour évaluer les systèmes proposés.

Investir en IE est un processus décisionnel aussi complexe que celui de l'évaluation proprement dite, il est fortement influencé par les acteurs et le contexte de l'organisation. D'ailleurs, les chercheurs adeptes du paradigme sociotechnique préconisent un abandon des mesures traditionnelles jugées trop restreintes, notamment la quantification du coût, afin d'inclure des mesures plutôt larges comme : les avantages intangibles tirés de l'investissement, les risques encourus et une analyse des opportunités offertes par la mise en place d'un processus d'IE dans les paramètres forgeant le panier décisionnel (Serafeimidis et Smithson, 2000).

La problématique de notre recherche peut être formulée en tenant compte des deux questions suivantes :

- Qu'est-ce qu'on entend par une évaluation de l'investissement en IE ? Comment peut-on quantifier cet investissement ? Existe-il un modèle permettant d'effectuer cette tâche ?
- Existe-il vraiment une fonction (formelle ou informelle) de l'évaluation des investissements orientés vers l'IE ? Si oui, quelle est la ?

Pour répondre à ces questions, notre travail est scindé en trois parties complémentaires : la première cherche à approfondir la compréhension de quelques concepts fondamentaux nécessaires pour bien positionner le thème débattu. La deuxième partie portera principalement sur la mise en place d'un modèle conceptuel pour évaluer les investissements en IE. Enfin, la troisième partie dressera un état des lieux à travers un guide d'entretien portant sur la pratique de l'évaluation de l'investissement en IE au sein des grandes entreprises marocaines.

1. Fondements théoriques de l'évaluation des investissements en IE

L'IE constitue le mode de pensée et le mode d'action de la société d'information (Levet, 2001). Cependant, l'importance financière et stratégique de l'implantation d'une démarche d'IE au sein de l'organisation nécessite plusieurs investissements. Ce qui rend l'étape d'évaluation de ces investissements primordiaux.

1.1. L'intelligence économique

L'IE est une notion très vaste qui couvre l'ensemble des activités de surveillance de l'environnement. C'est un processus organisé par lequel une organisation acquiert, analyse et fait circule des informations à travers des sources internes et externes appropriées à ses activités d'affaires et sa prise de décision (Lönnqvist et Pirttimäki, 2006).

Néanmoins, il existe plusieurs définitions de cette notion, faisant l'objet de divers débats conceptuels, le tableau suivant résume les principales définitions qui ont marqué l'évolution sont récapitulées dans le tableau ci-dessous :

Tableau 1 : Principales définitions de l'IE

Auteurs	Définition
Harold Wilensky. 1967	« l'activité de production des connaissances servant les buts économiques et stratégiques d'une organisation, recueillie et produite dans un contexte légal et à partir de sources ouvertes ».
Henri Martre 1994	« l'ensemble des actions coordonnées de recherche, de traitement et de distribution, en vue de son exploitation, de l'information utile aux acteurs économiques ».
Alain Juillet 2004	« la maîtrise et la protection de l'information stratégique pertinente pour tout acteur économique ».

Cette pratique permet aux décideurs et managers de l'entreprise de disposer d'une information de valeur, à laquelle ils puissent se fier dans le cadre de leurs processus décisionnel (Martinet et Marti, 2002). Il s'agit de produire de l'information pertinente (c'est-à-dire dont le décideur a besoin sous la forme voulue et en temps voulu) et à forte valeur ajoutée. Cette exigence doit se retrouver à travers les différentes phases du processus de prise de décision « Intelligence, Modélisation and Choice » (IMC) :

Schéma 1 : Les différentes phases du processus décisionnel

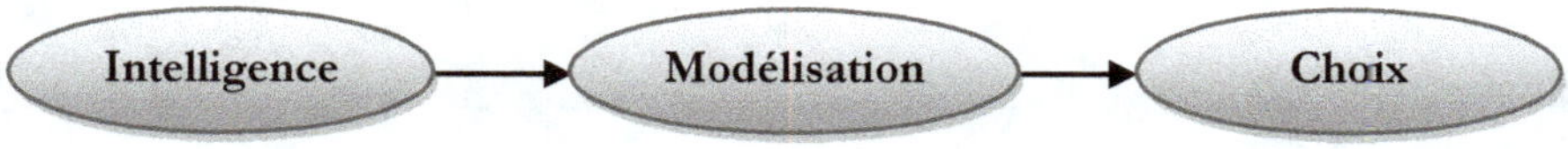

L'IMC (Simon, 1983), nous permet de caractériser, pour chaque étape du processus de décision, une forme d'aide à la décision fournie par les informations issues de la surveillance de l'environnement (Laghzaoui et al., 2009) :

Tableau 2 : Le rôle des informations issues de la surveillance de l'environnement

Phase d'intelligence	Ces informations constituent une aide au diagnostic externe : elles permettent de faciliter l'identification des menaces et des opportunités émanant de l'environnement.
Phase de modélisation	Pour faciliter la recherche de solutions, certaines informations vont aider à la conception d'un modèle reliant des variables d'action et des résultats.
Phase de choix	Il s'agit, pour le décideur, de faire le choix d'une solution parmi celles développées au cours de la phase de modélisation.
Phase d'évaluation	Ces activités peuvent être utiles en fournissant des informations permettant d'apprécier, a posteriori, la pertinence de la décision prise.

Source : Laghzaoui et al., 2009, p. 5.

En effet, nous pouvons dire que l'IE est l'aptitude à comprendre les relations qui existent entre les éléments d'une situation et à s'y adapter afin de réaliser ses fins propres (Mahé de Boislandelle, 1998). C'est un processus composé d'un ensemble d'étapes allant de la définition des besoins à la diffusion des informations transformées en passant par leur acquisition, leur traitement et leur évaluation (Laghzaoui et al, 2009). Il s'agit donc d'alimenter les décideurs de l'entreprise en information de valeur.

1.2. La décision d'investissement

Les investissements en IE constituent, sans conteste, un des principaux moteurs du développement et de la croissance de l'économie. Un investissement est défini comme : « une immobilisation importante de fonds dont l'entreprise espère retirer, pendant une période déterminée, une rentabilité future tout en prenant des risques mesurés » (Grandguillot et al., 2009). On distingue différents types d'investissement :

Tableau 3 : Les types d'investissements

Classification	
Selon la nature	*Selon l'objectif*
Acquisition d'immobilisations corporelles et incorporelles (matériel, construction, brevet, etc.) ; Investissements intellectuels (recherche, conception de logiciels, formation du personnel, etc.) ; Investissements financiers (prise de participation dans le capital d'une autre société, titres que l'entreprise désire conserver durablement, etc.).	Investissements de renouvellement visant à remplacer les équipements existants ; Investissements d'expansion contribuant au développement de l'entreprise ; Investissements d'innovation permettant la création de nouveaux produits.

La décision d'investissement, primordiale en matière de gestion d'une entreprise, repose sur deux principaux attributs : le temps et le risque. Leur prise en compte rigoureuse est indispensable pour envisager de façon rationnelle l'opportunité d'un tel investissement et nécessite de traiter, en parfaite cohérence, à la fois de finance de marché et de finance d'entreprise (Chrissos et Gillet, 2004). Cependant, l'investissement de l'entreprise suit trois motivations essentielles.

Schéma 2 : Les 03 motivations de l'investissement

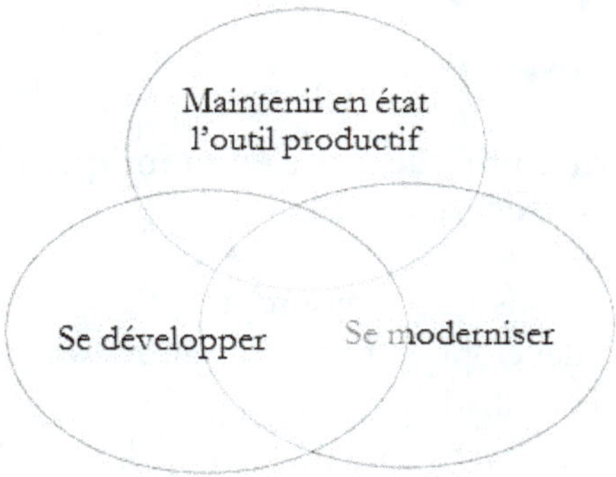

Parallèlement à ces trois principales motivations, il se peut que les dirigeants de l'entreprise justifient la réalisation de certains investissements par leur caractère stratégique. Ces investissements, dont la rentabilité est le plus souvent aléatoire en raison notamment de leur horizon à très long terme, sont généralement motivés par des éléments de contexte. C'est dans ce cadre que s'inscrivent les investissements en IE.

Par ailleurs, c'est lorsqu'on parle d'investissement, que se pose, forcément, la question de l'évaluation. Car tout investissement, quel que soient sa nature ou son volume, nécessite un suivi et une évaluation de son résultat. Cette évaluation, qui peut être ex-ante ou ex-post, se base généralement sur des indicateurs applicables à la nature et à l'importance de l'investissement.

1.3. L'évaluation

L'évaluation peut se faire selon différents axes :

- *Technique :* qui juge la performance des fonctionnalités techniques de chaque outil ;
- *Financière :* qui appréhende le projet d'IE comme un projet d'investissement dont on mesurera, d'une part les dépenses et d'autre part les retombées financières ;
- *Stratégique :* qui traite l'impact d'IE sur le positionnement concurrentiel de la firme.

Cependant, le verbe « Évaluer » signifie : « recueillir un ensemble d'informations suffisamment pertinentes, valides et fiables, et examiner le degré d'adéquation entre cet ensemble d'informations et l'ensemble de critères adéquats aux objectifs fixés au départ ou ajustés en cours de route, en vue de prendre une décision » (De Ketele, 1989). De ce fait, l'évaluation s'inscrit dans un processus permanent de recherche d'améliorations.

2. L'investissement en intelligence économique : débat théorique sur l'évaluation et ses méthodes

Investir en IE, constitue aujourd'hui l'une des étapes les plus marquantes pour le développement des grandes entreprises aux niveaux national et international. En effet, cet investissement permet aux entreprises d'atteindre l'avantage concurrentiel, en offrant généralement une plus grande fonctionnalité en termes d'accès et d'analyse des données. C'est le cas notamment des progiciels de gestion intégrée « ERP ».

Actuellement, il y a un manque des travaux de recherche théoriques portant sur l'évaluation des outils de l'IE, et pratiquement il n'existe pas de travaux empiriques à portée de main. En plus, il y a assez peu de littérature normative sur la manière de mesurer réellement les investissements en IE. Pourtant, on trouve, dans la pratique des grandes entreprises, plusieurs méthodes d'évaluation des investissements dont certains sont basés sur une approche quantitative, tandis que d'autres s'appuient sur des évaluations qualitatives.

Les outils de l'IE sont de plus en plus sollicités en raison de leur capacité à produire des connaissances précises en temps opportun, ce qui permet aux organisations d'avoir une meilleure compréhension de leurs environnements interne et externe. Cela, facilite le processus de prise de décisions et participe dans la construction d'un avantage concurrentiel durable (Cody et al., 2002). Cependant, un cadre systématique, pour évaluer les investissements orientés vers la mise en place d'une nouvelle plateforme « intelligence économique », s'impose au sein de l'entreprise.

La décision d'investir dans des nouvelles architectures et infrastructures relatives à l'IE, a pris ces dernières années une importance cruciale pour devenir une question d'actualité au sein des organisations modernes aux niveaux stratégiques, opérationnels et tactiques. A cet effet, les responsables (managers) se préoccupent avant tout de leur capacité à évaluer ces investissements avant d'engager des ressources financières et émotionnelles (ZahirIrani et Peter Love, 2010). Le processus d'évaluation constitue une étape cruciale qui prend en compte, à la fois, des avantages, les risques et les coûts. Généralement, le processus a deux principaux objectifs :

- D'abord, étudier la faisabilité économique et financière de l'investissement en question. Dans ce cas, les investissements dans l'IE, comme tous autres types d'investissements, doivent être commercialement viables aux yeux de la direction.
- Ensuite, mieux gérer le processus d'IE, afin de le rendre plus efficace tout en répondant aux besoins des utilisateurs (Lönnqvist et Pirttimäki, 2006). Dans ce sens, l'objectif principal derrière l'évaluation, est celui de fournir des informations utiles qui permettent de gérer le processus de l'IE. Cependant, il demeure très coûteux si l'information fournie ou ne correspond pas aux besoins informationnels du départ (Borut Hočevar, 2010).

Pour expliquer les facteurs déterminants de cet en investissement Atre et Moss (2003) ont développé quatre composantes :

- Les facteurs commerciaux : il est essentiel d'identifier les raisons commerciales de la mise en œuvre d'un système d'intelligence économique, les objectifs stratégiques de l'entreprise, et ceux relatifs à la solution envisagée. Ces objectifs doivent être en cohérence avec les objectifs stratégiques de l'entreprise. Comme l'a déclaré Carver & Ritacco (2006) : « l'un des critères-clés pour prendre des décisions d'investissement en IE est de savoir si l'investissement soutient la stratégie globale de l'entreprise ».

- L'analyse du coût et des avantages tirés : elle suppose une évaluation des coûts relatifs à la mise en place et à la maintenance de ce système, et une formalisation qualitative des avantages escomptés. Les avantages tangibles et mesurables, tirés de la mise en place du système, doivent être financièrement évalués. Tandis que les avantages intangibles et leurs effets positifs sur toute l'organisation doivent être définis de manière qualitative.
- L'évaluation du risque : une définition des risques concernant à la fois, la technologie, la complexité du système et l'équipe du projet doivent être analysés avec grande clarté.

La littérature a réservé plusieurs arguments pour expliquer les avantages et les bénéfices tirés d'un processus d'investissement en IE (Borut Hočevar, 2010), il s'agit de :

- Un accès à la fois plus rapide et facile à l'information ;
- Une économie en matière des technologies d'information ;
- Une plus grande satisfaction des clients ;
- Une amélioration continue de la compétitivité des entreprises.

Les avantages du système d'IE ainsi que des systèmes d'information en général, peuvent être répartis en quatre catégories (Carver et Ritacco, 2006, p. 17) :

- Les avantages mesurables (quantifiables) : sont ceux qui peuvent être clairement mesurés comme, par exemple, réduire le temps nécessaire pour effectuer certaines tâches, ou les économies réalisées par l'achat d'un logiciel au lieu d'un autre, etc.
- Les avantages quantifiables indirectement : sont généralement liés à la satisfaction du client.
- Les avantages non quantifiables : comprennent une meilleure qualité de travail, une meilleure motivation des employés, une amélioration de la communication dans l'organisation, un partage de plus en plus important des connaissances entre les employés, etc. Le principal problème dans l'évaluation de ces avantages est sa subjectivité; sa valeur réelle sera celle du consensus qui doit en émerger.
- Les avantages imprévisibles : peuvent être de nouvelles solutions et les idées des individus créatifs.

La dimension coût est toujours présente dans la littérature portant sur l'évaluation des investissements elle constitue un facteur important pour décider de la faisabilité économique d'un tel investissement. Les catégories de coût les plus importantes à prendre en compte sont : le coût du matériel ; le coût des autres immobilisations corporelles ; le coût des logiciels ; le coût relatif aux sources & données ; le coût du capital intellectuel (Remenyi, Bannister et Money, 2007).

Toutefois, il est nécessaire de prendre en compte un certain nombre d'aspects relatifs à l'évaluation des coûts (Remenyi, Bannister et Money, 2007), il s'agit de :

- Déterminer le coût total de l'investissement : il est nécessaire d'identifier tous les coûts associés à un investissement en IE (y compris, par exemple, les coûts des services externes, les matières auxiliaires, la partie correspondante des salaires des employés impliqués dans le projet, etc.). Cette tâche n'est pas toujours facile, car il est souvent difficile de distinguer les coûts liés à l'investissement de ceux qui ne le sont pas.
- Déterminer les coûts actuels : les coûts de maintenance, mise à jour, les services de réparation, etc.
- Déterminer les limites du système et le projet : en théorie, les limites de chaque projet doivent être clairement définies. Dans la pratique, ce n'est souvent pas le cas. Autrement dit, par exemple, différents projets peuvent partager les mêmes ressources (personnel, équipement, etc.), liées à différents départements.
- Les frais préliminaires : les coûts associés à la préparation des projets, la collecte de données, la préparation d'une étude de faisabilité, etc., à savoir tous les coûts engagés avant la décision de savoir si l'investissement serait réalisé ou pas.
- Des prestations réduites : par exemple, celles qui sont dues à un système mal conçu, les erreurs dues à l'insuffisance de la formation des utilisateurs, des réactions déclinatoires des utilisateurs du nouveau système, une réactivité lente du système, une incapacité de travail due à des dysfonctionnements du système.
- Le coût du risque : le risque, par exemple, est lié à la décision d'opter pour une solution plus coûteuse d'un fournisseur de renom ou pour une solution moins coûteuse d'un fournisseur inconnu. Cette dernière possibilité est plus susceptible

d'entraîner des coûts imprévus à l'avenir en raison des problèmes de qualité.

Les managers, peuvent utiliser une gamme diversifiée de techniques d'évaluation pour quantifier les coûts, avantages et risques liés à la décision d'investissement en IE. Cela permet aux décideurs de choisir entre solutions concurrentes. Certaines des techniques les plus couramment utilisées pour l'évaluation, ont été identifiées comme le retour sur investissement, taux de rendement interne, la méthode de la valeur actuelle nette. Ces méthodes, sont construites pour répondre à la logique sous-jacente qui admet que les coûts d'un investissement doivent être liés aux avantages qu'il vise à réaliser ; mais le problème c'est que les coûts tendent à être engagés immédiatement, alors que les bénéfices ne peuvent survenir qu'à l'avenir. Plus le retard s'agrandit dans la réception des avantages financiers souhaités, plus le risque augmente (ZahirIrani et Peter Love, 2010).

Toutefois, nous pouvons avancer le modèle conceptuel suivant afin d'évaluer les investissements en IE.

Schéma 3 : Evaluation de l'investissement en IE

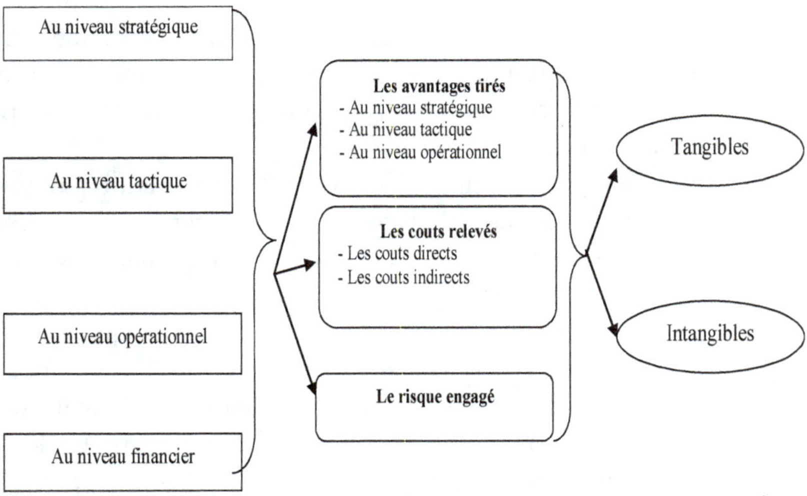

Ce modèle d'évaluation prend en compte quatre niveaux hiérarchiques d'évaluation : stratégique, tactique, opérationnel et financier.

Au niveau stratégique, l'accent est mis surtout sur la capacité de ces investissements à procurer un avantage concurrentiel. La philosophie d'entreprise, ses valeurs et croyances fondamentales sont fort présents à ce stade, et se traduisent dans un business plan stratégique, qui identifie la vraie place de l'entreprise par rapport à ses concurrents (marché).

Une fois que le plan de jeu stratégique est élaboré et que les ressources ont été identifiées, un besoin prégnant se fait pour déterminer et évaluer les facteurs clés de succès (FCS) au niveau tactique. Ces derniers sont des indicateurs de mesure et des ratios qui évaluent la réussite du projet sur le court terme. Hochstrasser et Griffiths expliquent que : « si ces FCS ne sont pas atteints, ils finiront par devenir des obstacles au progrès social, ce qui se traduira par une perte d'activité et un échec dans la réalisation des objectifs du projet ». Il faut dire, lorsque les CCA tactiques sont identifiés, les indicateurs de performance appropriés « hybrides » soient également identifiés.

Au niveau opérationnel, ce sont plutôt les exigences qui doivent être atteintes pour assurer la réussite du projet. Il s'agit des indicateurs qui pourraient inclure l'impact du projet sur les niveaux de stocks, le débit de production, les niveaux de la ferraille, les travaux en cours, le respect des horaires, etc. Il est donc, indispensable de mettre au point des mécanismes appropriés pour leur quantification (catalyseurs de performance).

La performance financière de l'investissement est examinée pour voir si le rendement financier répond aux exigences spécifiques de l'organisation (période de récupération, taux de rendement minimal, etc.). Il est ainsi, important d'examiner les incidences financières du projet, pour atteindre un rendement au-delà du coût du capital investi. Si, après analyse financière le résultat est positif, le projet peut être choisi. Les avantages tirés sont soit d'ordre stratégique, tactique ou opérationnel :

Avantages stratégiques :

- amélioration de la croissance,
- réduction des coûts de commercialisation,
- obtention et pérennisation du rôle de leader,
- amélioration de la satisfaction du client/fournisseur,
- renforcement de l'avantage concurrentiel,
- flexibilité organisationnelle.

Avantages tactiques :

- réponse adéquate aux changements,
- fédérer l'équipe de projet autour d'objectif concret,

- promotion de la culture proactive,
- meilleure intégration avec d'autres fonctions commerciales,
- amélioration de la planification.

Avantages opérationnels :

- amélioration de la communication,
- amélioration du processus décisionnel,
- réduction des coûts,
- amélioration de la qualité de la production,
- amélioration de la capacité d'échange des données,
- amélioration de la prévision et du contrôle.

D'un notre côté, les coûts sont répartis en coûts directs et indirects.

Les premiers se matérialisent dans les éléments suivants :

- hardware (le matériel),
- le matériel réseau et des logiciels,
- les frais généraux,
- les coûts de formation,
- entretien,
- réseaux de sécurité.

Alors que les deuxièmes peuvent se résumer comme suit :

- gestion des ressources en personnel,
- coût du temps de gestion de la propriété,
- formation des employés,
- motivation des employés,
- pressions sur les ressources.

Enfin, la dimension « risque »comprend notamment :

- la réticence des salariés à s'adapter aux changements,
- l'incertitude technique et le manque de connaissances,
- l'incertitude sur la façon de mesurer les avantages potentiels,
- l'incertitude sur la façon de mesurer les coûts impliqués,
- dépenses en capital, sans garantie de rendement,
- les dépenses de formation du personnel qui quittent l'organisation,
- le vol de logiciels et de matériel.

3. Cas de « La Poste » Maroc

Poste Maroc a fait de l'intégration des nouvelles technologies de l'information et de la communication (TIC), dans ses métiers de base, un axe stratégique important destiné à simplifier les procédures, diversifier l'offre et rendre les produits et services de la poste attractifs, compétitifs et efficaces. Dans cette partie, nous allons analyser l'existence de la pratique d'intelligence économique au sein de « Poste Maroc » et, plus précisément, les volets de l'investissement et de son évaluation.

3.1. Présentation de l'entreprise

Poste Maroc est une société anonyme marocaine de droit public, créée le 26 février 1998 suite à la réforme du secteur des postes et télécommunications introduite par la loi 24/96. Elle est chargée, en vertu de cette loi, d'accomplir au profit de l'Etat des activités relatives au secteur de la poste et services financiers.

- Le tableau ci-après illustre sa fiche technique :

Tableau 4 : Fiche technique de la poste du Maroc

Raison sociale	Barid Al Maghreb « Poste Maroc »
Secteur d'activité	Courrier, Messagerie, Services bancaires
Date de création	26 Février 1998
Forme juridique	Société anonyme
Siège social	Avenue Moulay Ismail, Hassan Rabat
Directeur général	Ahmed Amin Benjelloun Toumi
Slogan(s)	« *le contact qui vous facilite la vie* »
Effectif	8393 (année 2010)
Chiffre d'affaires	1,420 milliards de dirhams « 2009 »

3.2. Description du système de veille de Poste Maroc

La cellule de veille au sein de Poste Maroc a été créée le 15 juin 2011 au siège central de l'entreprise. Cette nouvelle structure a pris la forme d'une division (comme le montre l'organigramme ci-dessous) et a commencé son travail avec quatre personnes. Par ailleurs, il n'existe pas pour le moment de budget spécifique dédié à cette structure.

Schéma 4 : La structure de la poste du Maroc

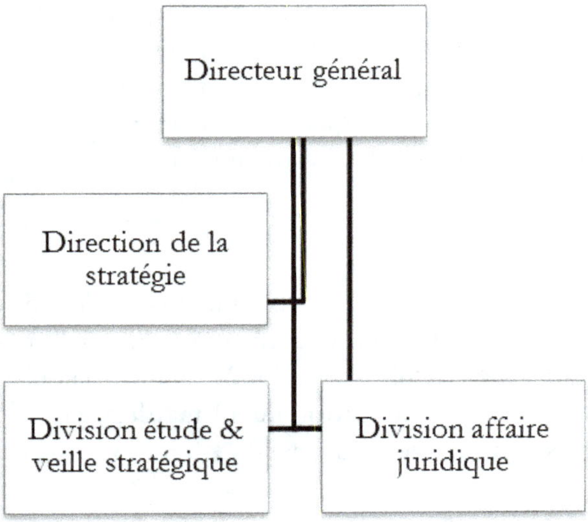

3.3. Missions

Cette division est chargée de :

- proposer le système de veille globale des marchés, produits, technologies, activités des principaux concurrents et autres postes en animant sa mise en œuvre ;
- organiser et assurer la mise en place d'un système d'information permanent de l'environnement national et international (marchés, concurrence et technologie) ;
- élaborer et développer les outils visant la promotion, la commercialisation et la vente des produits ;
- définir et mettre en œuvre la politique de communication (produit, client) en cohérence avec la politique de marketing ;
- planifier, commander et piloter les actions et campagnes de promotion de façon à obtenir le meilleur impact auprès des publics cibles ;
- assurer la conception et le lancement opérationnel des nouveaux produits courrier ;

- assurer la coordination et la complémentarité des études réalisées au niveau national et local par les responsables commerciaux régionaux ;
- assurer le rôle de conseil et d'assistance dans le domaine des études marketing ;
- veiller à la cohérence et à la synergie lors des réalisations des études de marchés nationales et locales.

3.4. Processus de veille

Le processus veille au sein de Poste Maroc est caractérisé par une implication directe de la direction, le travail est centralisé au niveau de la division : « étude & veille & études stratégiques ». Par contre les directions et les autres services sont des utilisateurs finaux qui utilisent le contenu et les livrables de la division dans leurs décisions.

Schéma 5 : Le processus de veille

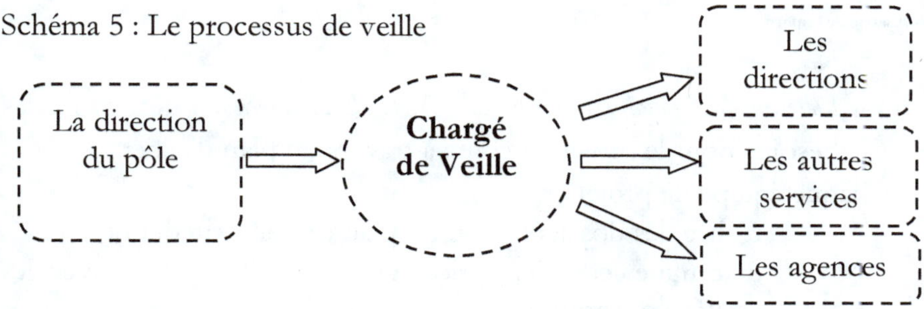

Nous avons essayé de concrétiser la démarche de l'IE au sein de Poste Maroc à travers le modèle suivant :

Schéma 6 : La démarche IE au sein de la poste Maroc

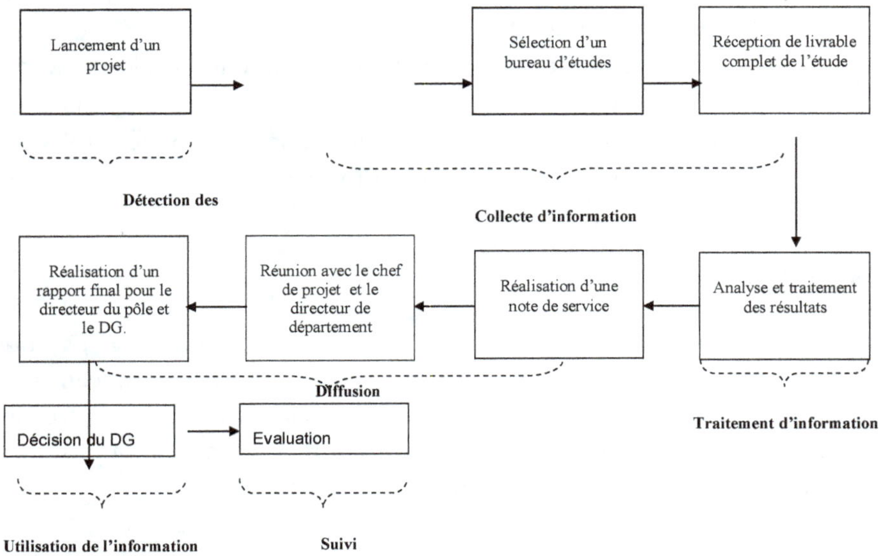

- *Détection des besoins de veille au niveau de la direction* : définition des besoins pour le projet en cours à travers un plan d'action.

Chaque équipe de projet :

- réalise des dossiers selon un plan de veille prédéfini,
- détermine les sujets prioritaires en collaboration avec les entités concernées,
- identifie les destinataires : consommateurs de l'information,
- surveille des domaines et des thèmes précis,
- élabore et met à jour son annuaire des sources d'information.

- *Collecte d'information :* les outils de cette collecte sont : Internet, journaux, séminaires, salons et foires, réseau, contactes externes, collaborateurs du pôle.
- *Traitement :* le traitement se fait à travers une collaboration entre le « chargé de veille » et le « chargé de marketing » dont l'objectif est :
    - d'analyser les recommandations du cabinet,
    - d'adapter l'offre avec les besoins et les spécificités des clients de Poste Maroc.
- *Diffusion*
    - rapport final pour le DG,

- note de service,
- diffusion par E-mails,
- présentations dans le cadre de comités.

- *Utilisation de l'information :* elle se manifeste par la décision du DG de Poste Maroc. Les informations fournies par le département Marketing constituent la base principale de cette décision.
- *Evaluation :* c'est l'étape qui nous intéresse le plus. L'évaluation des investissements de la division veille se fait après chaque projet. C'est une évaluation discontinue, de nature immatérielle qui se base essentiellement sur des études dont l'objectif est de mesurer l'impact et l'efficacité de la décision au niveau stratégique, tactique et opérationnel.

Actuellement, le processus de veille, qui est une fonction discontinue, au sein de Poste Maroc se fait par projet. Or, le métier de l'entreprise nécessite une fonction continue dans le temps et dans l'espace afin d'accompagner sa stratégie. D'où le constat qu'il faudrait institutionnaliser le réflexe de l'investissement en matière d'IE et son évaluation.

3.5. Constats majeurs

- Dans la Poste, on parle plutôt de veille que d'IE.
- La Poste pratique la démarche d'IE mais d'une manière indirecte (informelle).
- La fonction « veille » est discontinue : elle se fait par projet.
- L'absence d'une part d'investissements dédiée aux activités de veille : le montant de la veille se fixe selon la taille et la nature de chaque projet.
- L'évaluation est a posteriori, son rôle consiste à mesurer l'impact du projet veille.

3.6. Recommandations

- Favoriser la nouvelle division « Etudes & veille stratégique » avec des personnes qualifiées et spécialisées dans le domaine de la veille ;
- Impliquer cette nouvelle division dans les décisions stratégiques de la Poste ;

- Consacrer une part d'investissement stable et continue pour cette division ;
- Implanter un système continue d'évaluation et de suivi de ces investissements.

Conclusion

La contribution de notre travail au niveau de la recherche théorique et pratique, se manifeste de deux manières. Premièrement, à travers une revue de la littérature normative et récente, nous avons souligné l'importance de l'évaluation des investissements en IE dans une perspective théorique bien précise. Un modèle conceptuel a été présenté dans ce cadre, et retrace les différents critères permettant d'effectuer une tâche d'évaluation. En second lieu, et en explorant la pratique de l'évaluation des investissements en IE, au niveau de Poste Maroc, cette recherche nous a fourni un aperçu réel sur les implications et les défis que les cadres supérieurs trouvent dans l'évaluation de ces investissements.

Ainsi, appliquer un modèle conceptuel bien précis pour évaluer la pratique d'évaluation au niveau des entreprises marocaines, présente des difficultés et des limites.

Il s'agit surtout des restrictions suivantes :

- Obligations d'information : identification et quantification à la fois des avantages tirés, des coûts d'opportunité significatifs et des principaux coûts relevés.
- Connaissances liées : difficulté de l'interprétation des résultats ; une méconnaissance et non familiarité avec les techniques d'évaluation.
- Problèmes d'ordre organisationnel : manque de temps - manque des données ou d'information - manque d'intérêt.

La présente recherche, nous a confirmé le caractère passif de l'exercice d'évaluation des investissements en IE au Maroc à travers le cas d'une grande entreprise marocaine, et cela montre le besoin d'un effort de recherche afin de mieux comprendre le processus d'évaluation. Pour ce faire, nous allons prochainement faire appel à des études de cas portant sur deux ou trois grandes entreprises, et PME marocaines, afin d'étudier en profondeur la pratique de cette évaluation.

BIBLIOGRAPHIE

ATRE, S., MOSS, L.T., 2003, *The Complete Project Lifecycle for Decision-Support Applications,* Addison-Wesley-Boston, Business Intelligence Roadmap, p. 31.

BERTRAND, B., 2002, Quelques fondements de l'intelligence économique, *Revue d'Economie Industrielle*, Vol. 98, pp. 55-56.

BUTLER, M., 2009, *The Business Value of Business Intelligence: A review of benefits, costs and risks*, Business Value Series-n°2, pp. 4-7.

CALLOT, P., 2006, Intelligence Economique et PME : Le paradigme de l'intelligence perceptuelle, *Revue des Sciences de Gestion*, 2 n°218, pp. 61-71.

CARVER, A., RITACCO, M., 2006, *The Business Value of Business Intelligence: A Framework for Measuring the Benefits of Business Intelligence*, Business Objects, p. 33.

CHRISSOS, J., GILLET, R., 2004, *Décision d'investissement*, Collection Gestion appliquée, Pearson Education, pp. 9-13.

CODY, W.F., KREULEN, J.T., KRISHNA, V., SPANGLER, W.S, 2002, The integration of business intelligence and knowledge management, IBM *Systems Journal*, vol. 41, n°4, pp. 1-3.

COUTENCEAU, C., BARBARA, F., EVERETT, W., GILLIERON, A., JACQUIN, X., POUILLAIN, M., VALLE, C., 2010, *Guide pratique de l'intelligence économique*, EYROLLES, éditions d'Organisation, p. 7.

DUFAU, J.P., 2010, *Rapport sur l'Intelligence Economique*, Commission de la coopération et du développement, Dakar, 6-7 juillet 2010, France, p. 2-3.

FARBEY, B., TARGETT, D., LAND, F., 1995, Evaluating business information systems: reflections on an empirical study, *Revue Information Systems Journal*, vol. 5, Issue 4, p. 242.

FLICI, A., 2008, *A Systematic Evaluation of Business Intelligence Tools: An Investigation into Potential Tangible/Intangible Value*, papier de recherche Brunel University, PhD thesis, p. 2-3.

GRANDGUILLOT, B., GRANDGUILLOT, F., 2009, *L'essentiel du contrôle de Gestion*, 4e édition, Gualino, Lextenso éditions, pp. 83-84.

GUY, M., MARCON, C., MOINET, N., 2006, *Les fondements de l'intelligence économique : Réseaux & jeu d'influence,* Market Management, vol. 6, p. 85.

HARBULOT, C., BAUMARD, P., 1996, *Intelligence économique et stratégie des entreprises : une nouvelle donne stratégique*, présenté à la Cinquième Conférence Annuelle de l'Association Internationale de Management Stratégique, le 14 mai.

HOČEVAR, B., JAKLIČ, J., 2010, Assessing Benefits of Business Intelligence Systems: A case study, *Management*, vol. 15, pp. 88, 92 and 95.

IRANI, Z., LOVE, P., 2010, Evaluating Information Systems: Public and Private Sector, *A Butterworth-Heinemann*, pp. 36-38, 241 and 243.
JUILLET, A., 2008, *Le bulletin d'information sur l'IE stratégique pour les PME-PMI*, I.E.S N°5, NOV-DEC, p. 1.
KEFI, H., KALIKA, M., 2004, *Evaluation des systèmes d'information : une perspective organisationnelle*, Editions Economica.
LAGHZAOUI, S., BENNANI, A., 2009, L'articulation entre la surveillance de l'environnement de l'entreprise et le système d'information : l'apport d'une approche systémique, *Revue Internationale d'Intelligence Economique*, pp. 2-3.
LEVET, J.L., 2001, *L'intelligence économique : mode de pensée, mode d'action*, Paris, Economica.
LINDMARK, G., 2007, *Assessing Business Intelligence Business Value in Decision Support Systems*, Master Thesis, Stockholm, Sweden, p. 30.
LÖNNQVIST, A., PIRTTIMÄKI, V., 2006, The Measurement of Business Intelligence, *Information Systems Management Journal*, vol. 4
MARTINET, B., MARTI, Y., 2002, *L'intelligence économique : Comment donner de la valeur concurrentielle à l'information*, Editions d'Organisation, pp. 12-16.
PEGUIRON, F., 2006, *Application de l'Intelligence Economique dans un Système d'Information Stratégique universitaire : les apports de la modélisation des acteurs*, thèse pour l'obtention du Doctorat en Sciences de l'Information et de la Communication, l'Université Nancy 2, France, p. 27.
POPOVIČ, A., TURK, T., JAKLIČ, J., 2010, Conceptual model of business value of business intelligence systems, *Management*, vol. 15, p. 5-8.
REMENYI, D., BANNISTER, F., MONEY, A., 2007, *The Effective Measurement and Management of ICT Costs and Benefits*, Oxford, Third Edition, pp. 62-69.
SMITHSON, S., SERAFEIMIDIS, V., 2000, Information Systems Evaluation in Practice: A Case Study of Organisational Change, *Journal of Information Technology*, 15 (2), pp. 93-105.

ENGAGEMENT INTERNATIONAL ET PRATIQUES DE VEILLE STRATEGIQUE : CAS DES PME EXPORTATRICES

Soulaimane LAGHZAOUI
Professeur à l'Ecole Nationale de Commerce et de Gestion
Kénitra, Maroc
Chercheur associé au CERGAM
Université Aix Marseille

Marie-Christine MONNOYER-LONGE
Professeur en sciences de gestion IAE Université de Toulouse 1

Introduction

Dans une économie marquée par la mondialisation des marchés et l'augmentation de la concurrence, de nombreuses PME trouvent dans l'internationalisation de leurs activités un moyen pour maintenir ou augmenter leur croissance (Ortiz et Lombardo, 2009).Cependant, si l'engagement à l'international peut être présenté comme un moyen de développement, le processus n'est pas sans risque, comme le suggère la faiblesse relative du nombre d'exportateurs au sein des PME françaises[1] (selon un sondage du CSA[2] pour l'ACFCI[3], 2007) et recouvre une réalité complexe.

Plusieurs recherches ont été élaboré ces dernières années, dont certaines ont évoqué les difficultés susceptibles d'accompagner l'internationalisation, (Neupert et *al.*, 2006 ; Wright et *al.*, 2007 ; Brouthers et *al.*, 2009) ; d'autres ont montré que la gestion de l'information environnementale est l'un des principaux obstacles auxquels se heurtent les PME internationales (Leonidou et Theodosiou, 2004 ; Toften et Rustad, 2005 ; Toften, 2005, Julien et Ramangalahy,

[1]Intervention de Roland Cayrol, CSA, 21 Novembre 2007 à Paris, lors de la 5ème Journée « AGIR ensemble à l'international » de l'ACFCI.

[2] Un des premiers instituts français de sondage.

[3] Assemblée des Chambres françaises de commerce et d'industrie.

2003) ont abordé l'impact positif des pratiques de veille stratégique (VS) sur les performances à l'international. Ces pratiques sont, en effet, susceptibles de permettre aux dirigeants concernés de s'informer sur les évolutions récentes des marchés étrangers, des contraintes juridiques précises de certains pays, etc. (St-Pierre, Monnoyer et Boutary, 2006).

Dès lors, l'adoption d'une politique active de VS correspond à un enjeu d'importance pour ces entreprises. Toutefois, peu de travaux évoquent, dans une perspective actionnable, la relation entre le niveau d'engagement international et l'organisation des pratiques de veille. La définition, l'intensité des recherches d'informations et leur diffusion au sein des PME ne fait guère l'objet d'un suivi. Ainsi, si le rôle du dirigeant est souvent présenté comme central dans ces petites structures, les choix qu'il réalise sur ces thèmes et leurs conséquences ne sont pas analysés.

De ce fait, l'objectif de cet article est de caractériser les relations existant entre l'engagement à l'international de la PME et l'influence du dirigeant sur la structuration des pratiques de VS au sein de son organisation. Les résultats, issus de données provenant d'une enquête réalisée au Canada, révèlent, en particulier, que le niveau d'engagement à l'international développe la sensibilité à l'information des dirigeants, et que cette dernière joue en faveur d'une diffusion plus importante des activités de veille stratégique au sein des PME exportatrices.

Notre travail est organisé de la manière suivante : nous allons préciser, dans une première partie, les fondements théoriques permettant de construire le modèle conceptuel de la recherche qui est, lui-même, exposé dans la seconde partie qui est consacrée au volet méthodologique de notre recherche. Ce qui nous permettra de tester, dans une dernière partie, les hypothèses et d'analyser et de discuter les résultats obtenus.

1. PME internationales et pratiques de veille

1.1. Engagement international des PME

Les différentes définitions de l'internationalisation convergent vers la conceptualisation suivante : « l'internationalisation d'une entreprise est synonyme d'expansion géographique de ses activités économiques au-delà des frontières nationales » (Ruzzier, Hisrich et Antoncic, 2006). Elle peut revêtir différentes formes (Rasheed, 2005 ; Aspelund et *al.* 2007), notamment, les IDE (Investissements Directs à l'Etranger), les joint-ventures, l'importation et l'exportation. Cette dernière constitue la voie la plus privilégiée par les PME qui s'ouvrent sur l'international (Wolff et Pett, 2006).

Une fois sur le marché international, les PME peuvent développer différentes options stratégiques (Julien et Ramangalahy, 2003). Globalement, les grandes orientations qui leur sont offertes s'articulent autour du lancement et/ou du renouvellement de nouveaux produits, du renforcement du taux de pénétration dans les pays clients ou encore de l'exportation vers de nouveaux pays (Monnoyer, 1990). Julien et al. (1998) proposent trois profils de PME internationales :

- Les opportunistes qui ne poursuivent pas une orientation stratégique claire à l'égard du développement international et mobilisent peu de ressources à cet effet. Leur principale préoccupation est de tirer profit des premières occasions d'affaires qui se présentent (généralement sous la forme de commandes non sollicitées ou d'autres formes d'occasions prêtes à être exploitées).
- Les PME en phase de transition qui manifestent une volonté de développement international se traduisant par des actions concrètes : développement d'un marketing international, définition d'orientations stratégiques reflétant la volonté de développement ou, encore, mise en place de pratiques de veille sur les marchés étrangers. Les ressources mobilisées sont considérables, mais peuvent, toutefois, s'avérer insuffisantes pour permettre aux entreprises de franchir le cap à l'international.
- Enfin, les PME professionnelles qui poursuivent une orientation stratégique clairement définie à l'égard du développement international. Leurs dirigeants manifestent de façon explicite leurs engagements envers les activités internationales et les ressources mobilisées sont, à cet effet, importantes. Au fur et à mesure de leur expérience à l'étranger, ces PME tendent à s'autonomiser.

Le degré d'engagement à l'international correspond à l'implication de l'entreprise sur les marchés étrangers. Il est fonction des ressources contrôlées par l'entreprise, de sa stratégie mais également des conditions de l'environnement. Il peut être mesuré par l'intensité de l'exportation, définie généralement comme la part des ventes à l'exportation dans les ventes totales, et le niveau de proactivité de leur stratégie de développement.

Quelles que soient les stratégies adoptées, un engagement à l'international semble appeler un savoir-faire original, la conception de nouveaux produits ou de nouvelles prestations (St-Pierre et *al*, 2006 ; Wolff et Pett, 2006). Dans cette perspective, les entreprises concernées doivent en permanence chercher à acquérir des informations et à réactualiser leurs connaissances (Julien et Ramanagalahy, 2003 ; Leonidou et Theodosiou, 2004 ; Chtourou, 2006).

1.2. PME et organisation des activités de veille stratégique

Un consensus[4] s'est établi autour de l'intérêt de la mise en œuvre de systèmes de veille dans les entreprises : le niveau de performance de ces dernières semble lié au développement et à l'entretien des activités de VS. Cette dernière correspond à une expression générique. Elle intègre différents types de veille : concurrentielle, technologique, commerciale, juridique, sociétale, etc. (Lesca, 2003). Elle porte notamment sur des questions stratégiques telles que : les axes de développement de l'entreprise ou la recherche de nouveaux secteurs d'activité.

Elle peut être considérée comme un processus dynamique qui vise « l'acquisition et l'utilisation d'information sur les événements, les tendances et les relations de l'environnement externe de l'organisation, dont la connaissance produite aidera la direction dans son activité de prise de décisions futures »[5]. Vue comme une pratique de gestion de l'information organisationnelle, la VS s'inscrit dans la perspective d'aider les acteurs, en général, les managers, en particulier, à décider dans des contextes perçus complexes (Ranjan, 2008). Le but est d'accroître la réactivité des entreprises afin que ces dernières puissent s'adapter plus librement à un environnement incertain (Johannesson et Palona, 2010 ; Johns et Van Doren, 2010).

Différents modèles de veille stratégique sont ainsi proposés dans la littérature consacrée aux systèmes d'aide à la décision. Majoritairement, ils s'inspirent d'une démarche largement reconnue, celle du cycle du renseignement (Alquier et Salles, 1997 ; Dishman et Calof, 2008). Principalement, ce dernier comprend les étapes suivantes : l'expression

---

[4]Des travaux fondateurs d'Aguilar (1967) à des recherches plus récentes (Lönnqvist et Pirttimäki, 2006 ; Waston et al., 2006 ; Sahay et Ranjan, 2008 ; Calof et Smith, 2010),
[5]Choo, C.W., 2001, Environmental Scanning as Information Seeking and Organizational Learning, Special Issue of Information Research, n° 1, special issue on Environmental Scanning & Competitive Intelligence (disponiblesur http://choo.fis.utoronto.ca/IR/choo/choo.html).

des besoins, la recherche et la sélection d'informations, son exploitation ou son utilisation (vérification, traitement, analyse, synthèse) et, enfin, sa diffusion aux acteurs concernés dans l'entreprise.

Toutefois, les phases précédentes ne s'entendent pas comme un ensemble d'opérations mécaniques et plus ou moins automatisées (Amabile et Guechtouli, 2008). Elles sont davantage tenues pour un enchevêtrement du processus complexes à réaliser à partir d'une quantité d'informations perçues comme fragmentaires, disparates, voire contradictoires (Reix, 2004). De nombreuses recherches précisent ainsi que le développement d'activités de veille stratégique ne conduit pas de façon systématique à une valeur ajoutée.

Lindenberg (2003) rappelle, en effet, que c'est en fonction de ses préférences, de son projet personnel, de ses connaissances propres, de sa disponibilité, des orientations stratégiques de l'entreprise, *etc.*, qu'un acteur recherche, sélectionne, utilise et diffuse les informations. En cela, le développement des différentes étapes du processus de VS semble profondément lié à la sensibilité et à l'engagement des acteurs des entreprises concernées, des dirigeants notamment (Amabile et Guechtouli, 2008). Caron-Fasan et Lesca (2008) précisent alors que les dirigeants rencontrent souvent des difficultés pour s'extraire des activités quotidiennes afin de démarrer et de participer à ce processus.

Les éléments précédents semblent revêtir encore plus d'importance si l'on considère le contexte de notre recherche. D'une part, la gestion de certaines ressources (financières mais également attention et disponibilité du dirigeant, etc.) semble encore plus problématique dans le cas des PME que dans celui des grandes organisations (Barkham et *al.*, 1998). De surcroit, pour les petites structures présentes sur des marchés étrangers, il s'agit d'allouer des ressources à l'internationalisation tout en continuant à soutenir des activités sur les marchés d'origine (Fillis, 2007 ; Grimes et *al.*, 2007 ; O'Cass et Weerawardena, 2009). D'autre part, les questionnements autour de la gestion de l'information organisationnelle conduisent à considérer le « caractère » situé des processus de sélection, de diffusion et d'utilisation de l'information (Hatchuel, 1999).

Ces processus semblent donc réclamer une organisation adaptée pour se développer durablement dans l'entreprise (DishmanetCalof, 2008). Compte tenu de ce jeu de contraintes antagonistes, il semble pertinent de se demander, d'une part, dans quelle mesure le niveau d'engagement international d'une PME affecte le niveau de sensibilité à l'information de son dirigeant et, d'autre part, si cette sensibilité influence positivement la structuration et la diffusion des activités de veille au sein de ces entreprises.

2. Cadre conceptuel et volet méthodologique

2.1. Présentation de l'échantillon

Les données utilisées dans cette recherche proviennent de la base de données PDG (St-Pierre et Delisle, 2005). Elle contient des informations sur plus de 400 PME localisées dans la province du Québec au Canada et exclusivement issues de secteurs manufacturiers. Elle présente des profils variés liés aux entreprises étudiées. Ainsi, elle inclut des entreprises exportatrices, sous-traitantes, performantes, en difficulté, en croissance et d'autres en décroissance. Du fait de l'orientation de notre objectif, nous avons seulement utilisé les données relatives au sous-échantillon des PME exportatrices.

De plus, parmi ces dernières, nous avons uniquement retenu les entreprises dont l'effectif était supérieur ou égal à 10 salariés. Cette restriction permet d'éviter de comparer des PME avec des Très Petites Entreprises (TPE) pouvant présenter des trajectoires stratégiques et de formes organisationnelles sensiblement différenciées (Marchesnay, 2003). In fine, nous obtenons un échantillon de 180 PME exportatrices manufacturières dont les effectifs varient de 10 à 250 salariés. Par ailleurs, les informations sont recueillies auprès des dirigeants des PME qui reçoivent, en contrepartie, un diagnostic comparatif complet de leur situation en termes de performance et de vulnérabilité.

En ce qui concerne les activités de VS, trois dimensions émergent, de façon récurrente, de différentes recherches (Wood et Robertson, 2000 ; McGee et Sawyerr, 2003) : les sources d'information, les domaines d'informations recherchées et la fréquence de recherche de l'information. Ces dimensions ciblent principalement les modalités de la recherche d'information. Or, nous avons précisé que les différents stades du développement d'un dispositif de veille ne pouvaient se résumer à cette seule phase. La sensibilité du dirigeant à l'information et son influence sur les activités de VS permettent en effet d'élargir l'analyse de ses caractères à d'autres facteurs.

Il faut noter que, les dimensions de l'engagement international, considérées ici comme des variables explicatives, permettent d'expliquer l'impact du niveau d'engagement international sur la sensibilité des dirigeants à l'information. Elles comportent deux dimensions visant à mesurer respectivement l'intensité de l'exportation et la proactivité à l'exportation. La première est mesurée à l'aide du taux d'exportation (le montant des exportations sur le chiffre d'affaires total). La seconde est appréciée par le choix entre les trois profils proposés par Julien et *al.* (1998) : exportateurs opportunistes, en transition ou professionnels.

Les dimensions de la VS sont considérées ici comme des variables dépendantes. Nous avons retenu les dimensions suivantes :

- La recherche de l'information, mesurée par sa fréquence.
- La diffusion interne de l'information, mesurée par son niveau, c'est-à-dire le nombre de niveaux hiérarchiques irrigués par l'information.
- Les sources d'information, mesurées par leur nombre.

Pour les deux premières dimensions, trois indicateurs caractérisant la nature de l'information sont retenus : les informations sur les concurrents, les informations sur les clients et, les informations sur le marché. Pour ce faire, des échelles ordinales à cinq points sont utilisées afin de permettre aux répondants de situer leur niveau de recherche ou de diffusion interne de l'information pour chacun des trois indicateurs. L'échelle va du niveau faible (1) au niveau important (5).

Quant à la dimension des sources d'information, treize sont retenues : les cadres, le personnel de production, le personnel de vente, le conseil d'administration ou comité consultatif, les clients/fournisseurs, les donneurs d'ordres, les sous-traitants, les consultants, les banquiers, les associations sectorielles ou de gens d'affaires, les foires et exposition, les journaux (revues d'affaires et revues spécialisées) et enfin les universités et les centres de recherche.

2.2. Hypothèses et modèle conceptuel

Afin de caractériser l'organisation des dispositifs de VS dans les PME exportatrices, nous cherchons à relier les dimensions suivantes : la sensibilité du dirigeant à l'information, à l'intensité de la recherche de l'information, au nombre de sources d'information et à la diffusion interne de l'information. Il devient dès lors possible de vérifier si les dirigeants présentant une certaine sensibilité à l'information influencent réellement l'orientation, la structuration et la diffusion de ces pratiques au sein de leur entreprise et si cette sensibilité est liée à l'importance de l'engagement international des PME concernées. Deux hypothèses seront testées.

La première (H1) postule que le dirigeant d'une PME exportatrice est d'autant plus sensible à l'information que le degré d'engagement international de son entreprise est fort. Cette hypothèse est subdivisée en deux sous-hypothèses.

H1.1 : le dirigeant d'une PME exportatrice est d'autant plus sensible à l'information que son entreprise a un profil proactif à l'exportation.

H1.2 : le dirigeant d'une PME exportatrice est d'autant plus sensible à l'information que son entreprise réalise une part importante de son chiffre d'affaires à l'exportation.

La deuxième (H2) porte sur l'organisation et la mise en œuvre des pratiques de veille dans les PME exportatrices. Nous la formulerons ainsi : le degré de formalisation et de structuration de ces pratiques dans l'organisation d'une PME exportatrice est positivement influencé par la sensibilité de son dirigeant à l'information. Trois sous-hypothèses seront mise en œuvre.

H2.1 : la PME exportatrice *recherche* d'autant plus l'information que son dirigeant est sensible à l'information.

H2.2 : la PME exportatrice *utilise* d'autant plus de sources d'information que son dirigeant est sensible à l'information.

H2.3 : la PME exportatrice *diffuse* d'autant plus l'information en son sein que son dirigeant est sensible à l'information.

Le modèle de la recherche est présenté dans la figure suivante.

Schéma 1 : Modèle conceptuel de la recherche

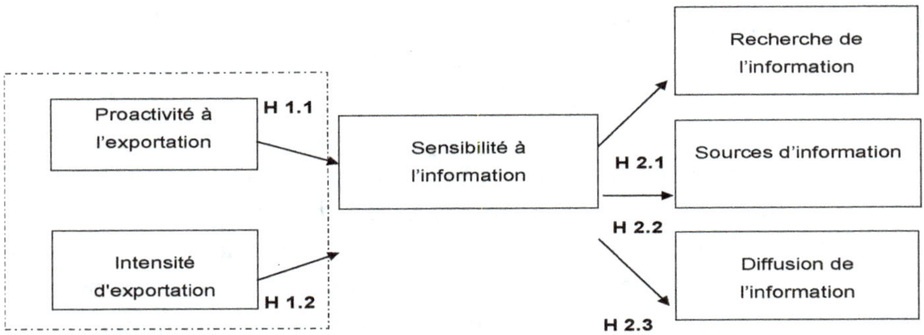

La sensibilité à l'information joue le rôle de variable médiatrice entre l'engagement à l'international et les autres variables de la VS. En effet, dans notre modèle, nous postulons que le niveau de sensibilité à l'information est, en amont, influencé par le niveau d'engagement à l'international et, en aval, influence l'organisation et la structuration des autres dimensions de la VS. La variable de sensibilité à l'information est mesurée par le niveau d'importance perçue de cette information. À l'instar des deux variables : recherche de l'information et diffusion interne de l'information, trois indicateurs de la nature de l'information sont retenus : sur les concurrents, sur les clients et sur le marché. Des échelles ordinales à cinq points sont utilisées afin de permettre aux répondants de situer le niveau d'importance pour chacune des trois catégories d'information.

Quant au moyen de vérification des hypothèses de recherche, nous recourons à la méthode des équations structurelles et en particulier celle de PLS[6]. Elle a été développée pour examiner les rapports de causalité multiples entre un ensemble de variables indépendantes et dépendantes. Cette méthode permet, d'une part, le traitement des estimations simultanées de plusieurs relations de dépendance inter-reliées et, d'autre part, l'incorporation d'erreurs de mesures (Chin, 1998 ; Roussel et al., 2002). De ce fait, on peut obtenir des estimations plus précises des coefficients de régression par rapport aux méthodes classiques de régression. Son application se révèle également pertinente en phase initiale de développement et de vérification des théories (Fornell et Bookstein, 1982) et particulièrement dans les recherches confirmatoires ou hypothético-déductives (Roussel et al., 2002).

3. Présentation et discussion des résultats

Dans un premier temps, nous revenons sur les caractéristiques générales de notre échantillon, puis, nous présentons et nous discutons les résultats de notre analyse confirmatoire dans un second temps.

a. Caractéristiques de l'échantillon

Nous décrivons les caractéristiques des PME de notre échantillon en termes d'engagement international ainsi que de pratiques de VS.

---

[6]Cette méthode présente de nombreux avantages par rapport à d'autres méthodes des équations structurelles (EQS, LISREL) : sa robustesse (Chin, 1998), la simplicité de son algorithme (Tenenhaus, 1998), la non-nécessité ni d'une grande taille de l'échantillon ni d'un grand nombre d'échelles de mesures ou de distributions de résidus (Fornell et Larcker, 1981).

L'engagement international

Les résultats obtenus montrent que les PME observées exportent en moyenne 30% de leur chiffre d'affaires. Quant à leur proactivité à l'exportation, les trois profils sont représentés avec une majorité pour les professionnels (58%). Les PME en transition et ceux opportunistes représentent respectivement 22% et 20% des PME observées. Par ailleurs, le croisement entre ces deux indicateurs (intensité et proactivité) montre qu'à chaque profil de proactivité correspond une tendance moyenne des taux d'exportation : 11% pour les opportunistes, 19,5% pour ceux en transition et 40% pour les professionnels. Ceci nous amène à penser que le taux d'exportation peut être un des indicateurs du profil proactif à l'exportation.

Il est important de préciser que le taux d'exportation, lui seul, demeure insuffisant pour nous renseigner sur le profil exact de l'exportateur car il peut s'agir d'une valeur exceptionnelle enregistrée au cours de l'année d'étude. En effet, on peut trouver des exportateurs avec des taux d'exportation très élevés, mais qui conservent une attitude opportuniste, ou des exportateurs avec des taux d'exportation très faibles, mais qui organisent leur activité d'exportation de façon régulière et se comportent en véritables professionnels anticipant le développement futur de ces marchés. De ce fait, la dimension de profil proactif à l'exportation reflèterait mieux l'engagement à l'international que la seule dimension d'intensité mesurée par le taux d'exportation surtout si cette mesure est ponctuelle.

Sensibilité à l'information

Le niveau absolu de la sensibilité à l'information varie selon la nature des informations recherchées. Les informations sur le marché sont désignées par les dirigeants des PME exportatrices interrogées comme étant les plus importantes (4,1). Ensuite, viennent celles sur les concurrents (3,5) et sur les clients (3,1).Ces résultats sont concordants avec ceux trouvés par Wood et Robertson (2000) dont l'étude montre que les informations sur le marché sont considérées par les exportateurs étudiés comme étant les plus importantes. Julien et Ramangalahy (2003) sont parvenus au même constat. Ils ont découvert que les informations sur les prix, le potentiel et l'adaptation du produit et les nouveaux produits sont rangées parmi les plus importantes pour les exportateurs échantillonnés.

Globalement, le niveau de fréquence de recherche de l'information est moyen (2,5). Cela dit, les informations sur les marchés semblent être les plus fréquemment cherchées (3,5). Ensuite les informations concernant les concurrents (3) et, enfin, celles se rapportant aux clients (2,4). Ces résultats trouvés rejoignent ceux relatifs à la sensibilité de l'information. Les dirigeants des PME exportatrices étudiées sont plus sensibles, respectivement, aux informations sur le marché, sur les concurrents et enfin sur les clients. De ce fait, il semble bien y avoir une relation entre la sensibilité des dirigeants à l'information et la fréquence avec laquelle ils cherchent cette information.

Quant aux sources d'information, les résultats obtenus indiquent que les PME exportatrices observées utilisent en moyenne sept ou huit des treize sources d'informations retenues.

Tableau 1 : Utilisation des sources d'information

Source d'information	Fréquence (%)
Cadres	77.2
Personnel de production	54,3
Personnel de vente	82,6
Conseil d'administration	59,8
Clients/fournisseurs	84,8
Donneurs d`ordres	31
Sous-traitants	28,8
Consultants	49,5
Banquiers	78,8
Associations	52,7
Foires	85,2
Presse	77,7
Universités	34,2

Les foires et les clients/fournisseurs constituent les sources d'information les plus utilisées par les entreprises échantillonnées. Elles enregistrent respectivement 85,2% et 84,8%. Ensuite, viennent le personnel de vente (82,6%), les banques (78,8%), la presse (77,7%) et les cadres (77,2%). Les sources d'information les moins utilisées sont les sous-traitants (28,8%), les donneurs d'ordres (31%) et les universités et centres de recherche (34,2%).Ces résultats montrent que ces entreprises utilisent aussi bien des sources d'information internes qu'externes. Ces dernières semblent être légèrement plus utilisées que les précédentes.

En outre, il semble que les PME exportatrices privilégient les sources d'information personnelles constituées autour d'un contact (personnel de vente, banquiers, clients/fournisseurs, etc.). Ces résultats viennent corroborer les résultats des recherches de Leonidou et Katsikeas (1997), Chaudhrey et Crick (1998) et Hart et Tzokas (1999).En ce qui concerne le niveau de diffusion interne de l'information, il est sensiblement supérieur à la moyenne : (3,3) pour l'information sur les concurrents, (3,5) pour celles sur les clients et sur le marché.

b. Vérification confirmatoire

Deux modèles (Figures 2 et 3) sont testés pour vérifier nos hypothèses de recherche. Chacun se base sur une seule dimension de l'engagement à l'exportation. Le premier modèle vise à vérifier la relation entre la proactivité à l'exportation, la sensibilité à l'information et les trois dimensions de VS.

Schéma 2 : Modèle de recherche simplifié n° 1

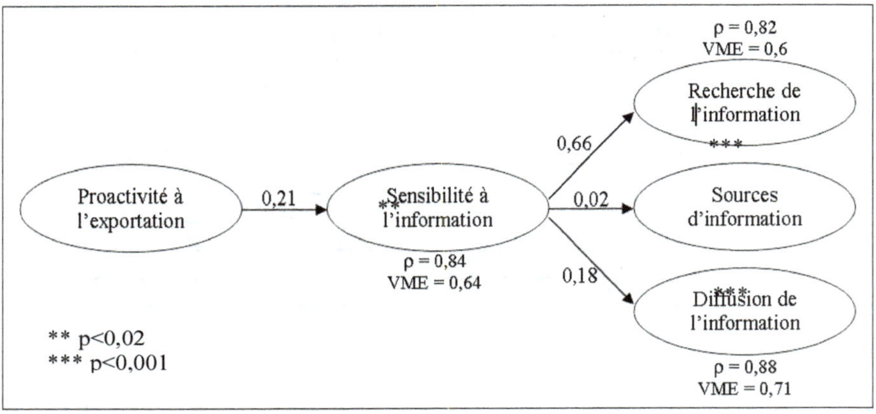

Le second modèle cherche à tester les mêmes relations mais avec la dimension de l'intensité d'exportation.

Schéma 3 : Modèle de recherche simplifié n° 2

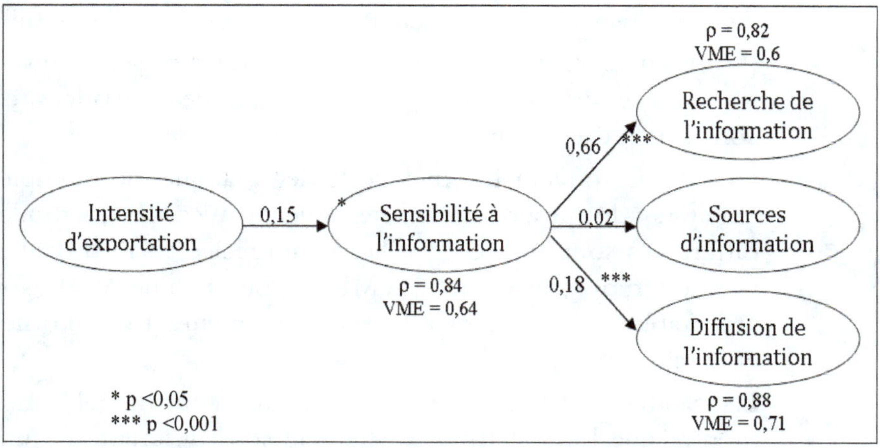

Nous avons procédé à l'analyse des données en deux étapes, la première vise à vérifier les propriétés empiriques du modèle conceptuel afin de s'assurer que chacune des dimensions puisse être considérée comme une seule valeur lors du test du modèle de recherche (Raymond et *al.*, 2001 ; Julien et Ramangalahy, 2003 ; Rivard et *al.*, 2006 ; Drucker-Godart et *al.* 2007). La deuxième cherche à tester les relations entre les construits dans le modèle. Les propriétés à vérifier sont la consistance interne des mesures (c'est-à-dire leur unidimensionnalité et leur fiabilité) et la validité (convergente et discriminante) des construits.

- L'unidimensionnalité implique que tout indicateur mesurant un construit doit pouvoir être considéré comme une valeur unique. Elle est appréciée par la force des valeurs des coefficients (yi) des indicateurs associés avec les construits (*loadings*). Elle est jugée satisfaisante lorsque la valeur des *loading* est supérieure à 0,5 (Rivard et Huff, 1988). Ceci implique que les mesures partagent suffisamment de variance avec le construit ou la variable latente qu'ils sont censés mesurer.
- La fiabilité implique qu'un instrument de mesure doive permettre à des observateurs différents de faire des mesures concordantes d'un même sujet avec le même instrument ou permettre à un observateur d'établir des mesures similaires d'un même sujet à des moments différents. Elle est vérifiée en considérant la valeur du coefficient rhô (ρ) associé au construit. Comme le coefficient d'alpha de Cronbach, le rhô

est jugé acceptable lorsqu'il est supérieur à 0,7. Un rhô (ρ) égal à 0,7 indique que la variance du construit explique 70 % de la variance des éléments ayant servi à le construire (Fornellet Larcker, 1981). Pour le calcul du rhô (ρ), on divise la variance du construit par la somme des variances du construit et des erreurs.

- La validité convergente mesure le degré auquel de multiples tentatives de mesure du même concept avec des méthodes différentes sont en accord. Elle est appréciée en regardant la variance moyenne extraite (VME)[7]. Pour qu'une VME soit acceptable, il faut que sa valeur soit supérieure à 0,5 (Fornell et Larcker, 1981).
- La validité discriminante des construits du modèle. Elle montre que les construits du modèle sont différents les uns des autres. Pour cela, les indicateurs supposés mesurer des phénomènes différents devront être faiblement corrélés entre eux afin de permettre de discriminer les phénomènes. Pour que la validité discriminante soit satisfaite, la racine carrée de VME doit être supérieure aux coefficients de corrélation entre les construits du modèle (Fornell et Larcker, 1981).

Les deux modèles (Figures 2 et 3) affichent les mêmes résultats concernant les tests des propriétés empiriques (loadings, les rhô et les VME) pour les construits : sensibilité à l'information, recherche de l'information et diffusion de l'information. Seules les valeurs des coefficients de corrélation et les racines carrées des VME (tableau n° 2) changent. Ce résultat s'explique par le fait qu'on conserve les mêmes caractéristiques de l'échantillon, seule la dimension de l'engagement international ayant changé.

Tableau 2 : Racines carrées des VME (diagonale) et coefficients de corrélations

	Proactivité	Intensité	Sensibilité	Rech_inf	Diff_inf	Sourc_inf
Proactivité	1,00	1,00				
Sensibilité	0.21	0.15	0,8			
Rech_inf	0.23	0.12	0.66	0,77		
Diff_inf	0.11	0.07	0.18	0.15	0,84	
Sourc_inf	-0.003	0.03	0.02	0.06	0.11	1,00

[7] AVE : Average variance extracted, VME= Somme des loading^2/n.

On remarque que les valeurs des racines carrées des VME correspondantes aux construits sont là aussi supérieures aux coefficients de corrélations entre les construits. Avec les valeurs des loadings, des rhô et des VME qu'on a trouvées antérieurement, nous pouvons avancer que les deux modèles satisfont les conditions d'unidimensionnalité, de fiabilité et de validité (convergente et discriminante) et sont prêts à être testés (Figures n° 1 et n° 2).

Les relations entre les construits, il faut noter que dans les deux modèles, les valeurs liant la sensibilité à l'information aux deux construits (recherche et diffusion de l'information) sont positives et significatives. Ceci nous permet de valider nos deux hypothèses de recherche (H 2.1) et (H 2.3) : plus les dirigeants des PME exportatrices sont sensibles à l'information, plus ils recherchent fréquemment l'information et la diffusent à l'intérieur de leurs entreprises. Il convient de préciser que le coefficient de causalité entre la sensibilité à l'information et la recherche de l'information est très fort en comparaison à celui trouvé avec la diffusion de l'information.

Quant à l'hypothèse relative à l'impact de la sensibilité à l'information sur le nombre de sources d'information (H 2.2), elle n'est pas vérifiée. Le coefficient de causalité est, en effet, quasiment nul (0,02). Deux explications peuvent être données à ce résultat. La première est d'ordre conceptuel : la question relative à l'utilisation des sources d'information a été posée de façon à ce que les répondants indiquent, par oui ou non, l'utilisation de chacune des treize types de sources d'information retenues pour trois domaines d'application : le développement de produits/marchés, le développement technologique et le domaine de l'environnement économique et financier.

Or, l'importance de l'information concerne les clients, les concurrents et le marché ce qui nous rapproche davantage du premier domaine d'application plutôt que des deux autres. L'inadéquation entre les informations recherchées et certaines sources d'information permettant d'obtenir ces informations peut être à l'origine de ce résultat. En cela, nous rejoignons les principaux développements de la théorie de richesse des médias (Daft et Lengel, 1984), notamment, ceux qui indiquent que tout support doit être en accord avec l'information recherchée.

La deuxième explication tient au fait que les PME, en matière d'information comme dans d'autres domaines, adoptent des choix dictés par l'économie des moyens (Barkham et al., 1998). Ainsi, elles se concentrent sur des sources d'information peu nombreuses mais particulièrement ciblées et écoutées. En ce sens, les PME exportatrices fournissent davantage d'efforts afin d'obtenir plus d'informations pour une même catégorie de sources. Par exemple, des informations sont demandées à plusieurs clients, à différents banquiers, à un nombre plus élevé de fournisseurs mais ne sont pas recherchées auprès d'autres tiers.

En ce qui concerne la dimension de proactivité à l'exportation, elle est liée de façon positive et significative ($p<0,02$) à la sensibilité à l'information des dirigeants. Ce résultat permet de valider notre hypothèse de recherche (H 1.1). Il montre que plus le profil à l'exportation ne tend vers la proactivité, plus le niveau de la sensibilité à l'information n'augmente. En d'autres termes, les exportateurs de type professionnel ressentiraient plus l'importance des informations sur les clients, sur les fournisseurs et sur le marché que les exportateurs en transition ou opportunistes.

La variable d'intensité d'exportation, quant à elle, est positivement et significativement ($p<0,05$) liée à la sensibilité à l'information. Ce résultat confirme notre hypothèse (H 1.2). Cela veut dire que plus les PME exportatrices augmentent leur part du chiffre d'affaires à l'exportation, plus leurs dirigeants perçoivent comme importantes les informations sur les clients, sur les concurrents et sur le marché.

Au terme des tests de nos deux modèles, on peut s'apercevoir que le modèle n° 1 offre des résultats plus intéressants en termes de relation entre l'engagement international et la sensibilité à l'information des dirigeants. Dans cet esprit, le profil proactif à l'exportation paraît un meilleur indicateur de l'engagement à l'exportation que le taux d'exportation. En effet, le taux d'exportation présente l'avantage d'être une mesure quantitative. En revanche, il reste un indicateur ponctuel et fluctuant, comme on l'a montré dans nos résultats descriptifs.

Cette situation soulève la problématique de transférer le taux d'exportation en mesure qualitative : existe-t-il le même écart entre un exportateur qui vend 60% et un autre exportateur qui vend plus de 80% qu'entre 10% et 30% ? Pour sa part, le profil proactif à l'exportation, bien qu'il soit moins riche (avec seulement trois valeurs) que le taux d'exportation, donne une meilleure mesure de l'engagement à l'exportation que le taux d'exportation et permet, ainsi, de mieux vérifier notre hypothèse générale.

Nous pouvons donc déduire que les deux sous-hypothèses relatives, successivement, à l'impact du profil proactif et à l'intensité de l'exportation sur la sensibilité à l'information des dirigeants (H 1.1 et H 1.2), sont corroborées. Sur ce point, nos résultats offrent une extension des connaissances empiriques existantes sur les processus de veille stratégie dans les PME. En effet, s'il est probable que les responsables concernés rencontrent les difficultés classiques des dirigeants pour s'extraire des activités courantes et quotidiennes de leur entreprise, notre étude monte que, plus l'engagement international est important, plus leur sensibilité à l'information est élevée. Ainsi, comme le suggèrent différentes recherches (Caron-Fasan et Lesca, 2008, p. 38), un engagement international conséquent peut être tenu pour l'un des facteurs jouant favorablement sur le démarrage ou, plus précisément, sur l'initialisation des activités de veille stratégique dans les PME.

En outre, deux des trois sous-hypothèses concernant l'impact de la sensibilité à l'information des dirigeants sur les pratiques de veille stratégique sont confirmées (l'impact de la sensibilité à l'information des dirigeants sur la recherche de l'information et sur sa diffusion interne). De ce fait, et dans la continuité du point précédent, ces résultats montrent que la sensibilité du dirigeant, outre l'initialisation du processus de veille stratégique, joue un rôle essentiel dans l'orientation et dans la diffusion de ce type d'activité au sein de l'organisation des PME exportatrices. Ils s'inscrivent dans les perspectives évoquées dans d'autres recherches (Kappelman et al., 2006) : par ses compétences, ses connaissances et, notamment, sa sensibilité à l'information, le dirigeant conditionne, pour une large part, l'initialisation des activités de veille puis leur diffusion au sein des structures organisationnelles de l'entreprise.

Ainsi, la connaissance et la prise en compte de ce facteur peuvent être tenues pour des facteurs clés de la réussite des projets de développement à l'international. Concrètement, cela signifie que les responsables des PME présentes sur des marchés étrangers ou qui envisagent de l'être peuvent être formés dans le but de développer leur sensibilité à l'information et de renforcer leurs connaissances concernant les activités de veille stratégique. Ces actions pourront être menées dès l'amont du projet d'internationalisation.

Conclusion

La question posée dans cette recherche est celle de la caractérisation des relations existant entre l'engagement à l'international de la PME et l'influence de son dirigeant concernant la structuration des pratiques de VS de et dans son organisation. Nos résultats précisent le rôle déterminant du dirigeant qui met en perspective son influence sur l'orientation de ces activités, sur la définition des cibles informationnelles recherchées ainsi que sur le niveau de diffusion interne de ces dernières.

Par ailleurs, notre étude montre que la présence sur des marchés étrangers peut être tenue pour l'un des facteurs conditionnant le démarrage des activités de VS au sein des PME. D'un autre côté, nos résultats ne doivent être compris que relativement aux limites de la recherche. Sur le plan théorique, cette dernière soulève quelques questionnements liés principalement à la non-prise en compte d'autres dimensions de l'engagement à l'international : la structure organisationnelle, le nombre de pays-marché servis à l'international, l'expérience à l'international, etc.

Au niveau de la pratique de veille, d'autres variables pourraient être ajoutées : le traitement de l'information, les moyens organisationnels (formalisation de la fonction, centralisation/décentralisation de la fonction), les moyens techniques, les moyens humains, etc.). Les limites de cette recherche concernent également l'échantillon d'étude ne généralise pas l'ensemble des PME exportatrices. En effet, le contexte particulier de l'échantillon (Québécois) rend aléatoire une généralisation des résultats à un autre contexte (européen ou africain, par exemple). A ce titre, nous rappelons que notre échantillon comportait peu d'entreprises exportant une proportion significative de leur chiffre d'affaires au-delà de l'Amérique du Nord.

BIBLIOGRAPHIE

AGNDAL, H., CHETTY, S., 2007, The impact of relationships on changes in internationalisation strategies of SMEs, *European Journal of Marketing*, vol. 41, n°11-12, pp. 1449-1474.

AGUILAR, F.J, 1967, *Scanning business environment,* Macmillan Co, New York.

AMABILE, S., GUECHTOULI, M., 2008, Veille et sélection de l'information : intégrer les acteurs dans le développement de filtres informationnels intelligents, *Revue Finance*, Contrôle, Stratégie, vol. 11, n°3, pp. 189-215.

ASPELUND, A., MADSEN, T.K., MOEN, O., 2007, A review of the foundation, international marketing strategies and performance of international new ventures, *European Journal of Marketing*, vol. 41, n°11-12, pp. 1423-1448.

BARKHAM, R., GUDGIN, G., HART, M., HANVEY, E., 1998, *The Determinants of Small Firm Growth,* J. Kingsley Publishers Ltd.

BROUTHERS, L.E., NAKOS, G., HADJIMARCOU, J., BROUTHERS, K.D., 2009, Key Factors for Successful Export

Performance for Small Firms, *Journal of International Marketing*, vol. 17, n°3, pp. 21-38.
CALOF, J., SMITH, J., 2010, The integrative domain of foresight and competitive intelligence and its impact on R&D management, *R&D Management*, vol. 40, n° 1, pp. 31-39.
CARON, F., LESC, A., 2008, *Facteurs d'échec et d'abandon d'un projet de veille stratégique : retours d'expérience,* Systèmes d'Information et Management, n°3, vol. 13.
CHAUDHREY, S., CRICK, D., 1998, Export information providers : are they meeting the needs of SMEs ?, *Marketing Intelligence and Planning*, vol. 16, n° 3, pp. 141-149.
CHIN, W.W., 1998, The partial least squares approach for structural equation modelling, dans George A. Marcoulides, *Modern Methods for Business Research*, Lawrence Erlbaum Associates.
CHOO, C.W., 2001, Environmental Scanning as Information Seeking and Organizational Learning, *Special Issue of Information Research*, n°1, special issue on Environmental Scanning & Competitive Intelligence.
CHTOUROU, W., 2006, *Le développement international des PME : profils et défis informationnels*, Gestion, vol. 31, n° 1, pp. 88-97.
DAFT, R.L., LENGEL, R.H., 1984, *Information richness: a new approach to managerial behavior and organizational design*, Research in Organizational Behavior, vol. 6, n° 2, pp. 191-233.
DISHMAN, P.L., CALOF, J.L., 2008, Competitive intelligence: a multiphasic precedent to marketing strategy, *European Journal of Marketing*, vol. 42 no. 7/8, pp. 766-785.
DRUCKER, G.C., EHLINGER, S., GRENIER, C., 2007, Validité et fiabilité, dans Thiétart et al, *Méthodes de recherche en management*, 2ème Edition, Dunod, Paris, pp. 257-287.
FILLIS, I., 2007, Methodology for researching international entrepreneurship in SME, A challenge to the status quo, *Journal of Small Business and Enterprise Development*, vol. 14, n° 1, pp. 118-135.
FORNELL, C.R., LARCKER, D.F., 1981, Two structural equation models with unobservable variables and measurement error, *Journal of Marketing Research*, vol. 18, pp. 39-50.
FORNELL, C.R., BOOKSTEIN, F.L., 1982, Two Structural Equation Models : LISREL and PLS Applied to Consumer Exit-Voice Theory, *Journal of Marketing Research*, vol. 19, pp. 440-452.
GRIMES, A., DOOLE, I., KITCHEN, P.J., 2007, Profiling the capabilities of SMEs to compete internationally, *Journal of Small Business and Enterprise Development*, vol. 14, n° 1, pp. 64-80.

HARGADON A., 2002, Brokering Knowledge: Linking Knowledge and Innovation, *Research in Organizational Behaviour*, vol. 24, pp. 41-85.
HART, S., TZOKAS, N., 1999, The Impact of Marketing Research Activity on SME Export Performance: Evidence from UK, *Journal of Small Business Management*, April, pp. 63-75.
JOHANNESSON, J., PALONA, I., 2010, Environmental Turbulence and the Success of a Firm's Intelligence Strategy: Development of Research Instruments, *International Journal of Management*, vol. 27, n°3, Part 1, pp. 448-458.
JOHNS, P., VAN DOREN, D.C., 2010, Competitive intelligence in service marketing, *Marketing Intelligence & Planning*, vol. 28, n° 5, pp. 551-570.
JULIEN, P.A., JOYAL, A., TOULOUSE, J.M., RAMANGALAHY, C., MORIN, M., 1998, *Information behaviour, competitiveness and performance in small export businesses*, International Geographical Union, Residential conference, 24-28 août, Séville (Espagne).
JULIEN, P.A., RAMANGALAHY, C., 2003, Competitive Strategy and Performance of Exporting SMEs : An Empirical Investigation of the Impact of Their Export Information search and Competencies, *Entrepreneurship Theory and Practice*, Spring, pp. 227-245.
KAPPELMAN, L.A, MCKEEMAN, R., ZHANG, L., 2006, Early Warning Signs: Of IT Project Failure: The Dominant Dozen, *Information System Management*, Fall, vol. 25, n° 4, pp. 31-36.
LEONIDOU, L.C., KATSIKEAS, C.S., 1997, Export information sources: the role of organizational and internationalization influences, *Journal of Strategic Marketing*, vol. 5, pp. 65-87.
LEONIDOU, L.C., THEODOSIOU, M., 2004, The export marketing information system: an integration of the extant knowledge, *Journal of World Business*, vol. 39, pp. 12-36.
LESCA, H., 2003, « Veille stratégique, la méthode L.E.SCAnning », Management et Société.
MONNOYER, M.C., 1990, L'organisation spécialisée, clé de la performance, dans PME, stratégies internationales, Léo, P.-Y, MONNOYER, M.-C ET PHILIPPE, J., 1990, *PME. Stratégies internationales*, Ed. Economica, Paris.
ORTIZ, R.F., LOMBARDO, G.F., 2009, Influence of the capacities of top management on the internationalization of SMEs, *Entrepreneurship and Regional Studies*, vol. 21, n°2, pp. 131-154.
QIU, T., 2008, Scanning for competitive intelligence: a managerial Perspective, *European Journal of Marketing*, vol. 42 No. 7/8, pp. 814-835.

RANJAN, J., 2008, Business justification with business intelligence, *The Journal of information and knowledge management systems*, vol. 38 No. 4, pp. 461-475.

RAYMOND, L., JULIEN, P.A., RAMANGALAHY, C., 2001, Technological Scanning by Small Canadian Manufacturers, *Journal of Small Business Management*, vol. 39, n° 2, pp. 123-138.

REIX, R., 2004, *Systèmes d'information et management des organisations*, Vuibert Gestion, Paris.

RIVARD, S., RAYMOND, L., VERREAULT, D., 2006, Resource-based view and competitive strategy: An integrated model of the contribution of information technology to firm performance, *Journal of Strategic Information*, n°15, pp. 29-50.

ROUSSEL, P., DURRIEU, F., CAMPOY, E., EL AKREMI, A., 2002, *Méthodes d'Equations Structurelles : Recherche et Applications en Gestion*, Economica, Paris.

RUZZIER, M., HISRICH, R.D., ANTONCIC, B., 2006, SME internationalization research: past, present and future, *Journal of Small Business Enterprise Development*, vol. 13, n° 4, pp. 476-497.

ST-PIERRE, J., DELISLE, S., 2005, An expert diagnosis system for benchmarking of SMEs' performance, *Benchmarking An International Journal*, vol. 13, n° 1-2, pp. 106-119.

TODD, P.R., JAVALGI, R., 2007, Internationalization of SMEs in India, Foresting entrepreneuship by leveraging information technology, *International Journal of Emerging Markets*, vol. 2, n° 2, pp. 166-180.

TOFTEN, K., 2005, The influence of export information use on export knowledge and performance, Some empirical evidence, *Marketing Intelligence & Planning*, vol. 23, n° 2, pp. 200-219.

WASTON H.J., WIXOM B.H., HOFFER J.A., ANDERSON-WOLFF, J.A., PETT, T.L., 2006, Small-Firm Performance: Modelling the Role of Product and Process Improvements, *Journal of Small Business Management*, vol. 44, n° 2, pp. 268-284.

WRIGHT, S., CALOF, J.L., 2006, The quest for competitive, business and marketing Intelligence A country comparison of current practices, *European Journal of Marketing*, vol. 40, N°5/6, pp. 453-465.

WOLFF, J.A., PETT, T.L., 2006, Small-Firm Performance: Modelling the Role of Product and Process Improvements, *Journal of Small Business Management*, vol. 44, n° 2.

LES TIC UN OUTIL INDISPENSABLE POUR UNE DEMARCHE D'INTELLIGENCE ECONOMIQUE

Jean-Louis MONINO
MCU-HDR- Université Montpellier Sud de France
Directeur Laboratoire Traitement et Recherche
Sur l'Information et la Statistique –TRIS-

Soraya SEDKAOUI
Enseignante Chercheur Université Khemis Miliana,
Doctorante Université d'Alger 3
Laboratoire -TRIS- UM1

Introduction

La mondialisation des échanges et la concurrence accrue des marchés tracent les contours d'une économie qui se complexifie, dans laquelle les entreprises doivent inscrire leur stratégie d'innovation et de compétitivité dans une perspective de maîtrise de l'information. Ce contexte a entraîné un accroissement important du volume des informations, ce qui pose pour l'entreprise le problème d'obtenir rapidement des informations utiles et pertinentes, pour répondre à des situations actuelles ou pour en anticiper d'autres. Face à ce contexte permanent d'instabilité et d'incertitude, la notion du système d'information est venue comme solution très efficace, en la matière, ayant donné une grande assistance aux managers. Il permet de fournir les données nécessaires pour faire face aux diverses menaces et exploiter des opportunités de l'environnement. Cependant, la complexité croissante de l'environnement et sa turbulence ont prouvé la limite de ce système, ce qui fait appel à une approche plus pratique, que l'on nomme l'Intelligence Economique (IE).

Dans son acception la plus classique, l'IE consiste à collecter, analyser, valoriser, diffuser et protéger l'information économique stratégique, afin de renforcer la compétitivité d'un Etat, d'une entreprise ou d'un établissement de recherche. Cette activité permet une surveillance continue de l'environnement de l'entreprise à des fins stratégiques, au point où cette notion est inséparable de la notion de la stratégie d'entreprise. Ainsi, elle utilise les méthodes de management et les techniques ayant pour objectif d'apporter des informations à l'organisation pour en faire le meilleur usage, c'est-à-dire enrichir le savoir à des fins d'identification des opportunités de développement de l'organisation, et d'assurer sa protection contre les menaces. L'information, en tant que ressource cruciale de l'innovation, permet la veille concurrentielle ; qui représente le résultat de l'utilisation intelligente des technologies de l'information et de la communication (TIC).

Les entreprises doivent, dans ce contexte, se confronter à une pression accrue pour produire des informations pertinentes sur leur environnement. Pour cela, elles ont explicitement structuré leurs activités en matière d'IE, en mettant en place, par exemple, ce qu'on appelle les cellules de veille. Pour s'assurer que ces activités peuvent être réalisées correctement, l'entreprise doit mettre en œuvre une infrastructure en faveur des pratiques d'IE. Cette dernière contient trois parties:

- une partie technique : comprenant les applications des TIC et leur infrastructure qui peuvent être utilisées pour soutenir le cycle de veille ;
- une partie structurelle : qui se réfère à la définition et la répartition des activités de l'IE ;
- une partie ressources humaines, c'est-à-dire la formation et la motivation du personnel qui doit effectuer les activités d'IE.

Dans notre article, nous discutons des possibilités qu'offrent les TIC pour soutenir et réaliser les activités de l'IE au sein des entreprises. À cette fin, nous présenterons d'abord un tour d'horizon de l'IE aux Etats-Unis, en France et au Maroc. Puis nous passerons à la présentation des TIC tout en délimitant les principaux concepts. Enfin, nous discuterons l'importance de ces technologies et de leurs applications dans le soutien des activités du cycle d'intelligence.

1. Historique et définitions de l'intelligence économique

1.1. Historique de l'IE aux Etats-Unis

La notion d'IE trouve ses origines durant la deuxième guerre mondiale, où les renseignements sur les mouvements de l'ennemi étaient primordiaux. Le commandement militaire a en effet compris que pour vaincre, il est nécessaire de connaitre toutes les composantes du champ de bataille. Au lendemain de la guerre, les USA sont les premiers a développé ce concept en raison de leur avance technologique, avec la création de War Room[8], à la fin des années 50, chez General Electric aux USA. Il s'agissait d'une intrusion de l'IE du domaine militaire à celui des affaires, ce qui veut dire que c'est au niveau des marchés que se déploie aujourd'hui la bataille concurrentielle.

L'IE ou « Competitive Intelligence » en anglais, s'est vraiment étendue et fait l'objet de divers débats. Luhn[9], est le premier à proposer un système automatique de collecte, de traitement, de stockage et de diffusion de l'information pour les organisations, qu'il nomme Business Intelligence System. Ce processus se retrouve, en 1967, dans la définition de Harold Wilensky sous le nom d'intelligence organisationnelle dans son ouvrage : « Organisational intelligence : knowledge and policy in government and industry ». Il définit l'IE comme l'activité de production de connaissance servant le but économique et stratégique d'une organisation, recueilli et produit dans un contexte légal et à partir de sources ouvertes.

En 1980, l'IE s'est développée sous l'influence de Michael Porter, professeur à l'université du Harvard, avec son ouvrage « Compétitive Strategy », dont il soutient, notamment, la nécessité d'un système de renseignement sur la concurrence et propose une grille d'analyse des signaux du marché où il indique un des principes de l'utilisation de l'information pour agir sur la concurrence. Ces premiers pas furent suivis par une série impressionnante d'avancées théoriques sous l'impulsion du SCIP (Society of Compétitive Intelligence Professionals) créé en 1986. Cette association réunissait alors des universitaires, des praticiens et des consultants en IE.

John E. Prescott en 1999, numéro un de la recherche en IE dans le monde académique, définit l'IE comme : « le savoir dérivé de l'analyse et de l'interprétation de certaines informations économiques nécessaires à la prise de décisions d'organisation, stratégiques ou tactiques utiles à toutes les fonctions de l'entreprise ». Il impliquait que cette nouvelle fonction soit dotée d'un système organisé de collecte, de production et de diffusion de l'intelligence aux unités opérationnelles de l'entreprise. Et depuis l'an 2000, de nouvelles définitions de l'IE ont émergé à travers un

---

[8]War room, créer par J. Howard Westing de l'université du Wisconsin, est un lieu où des personnes, bénéficiant d'un soutien matériel et logiciel, se basent sur une méthodologie commune afin de définir puis de mettre en œuvre une stratégie.

[9]Chercheur informaticien chez IBM.

ensemble de fonctions comme : gestion des connaissances, innovation, management stratégique de l'information etc.

Il est à noter qu'à partir de 1990, l'USA a développé sa politique en matière d'IE, et cela suite au développement du phénomène de la mondialisation et l'apparition de nouveaux concurrents (l'Europe et le Japon). Ce qui a permis l'apparition de nouveaux concepts et méthodologies aux Etats-Unis tels que :

- TBIS (Transaction Based Information System) de R. Glazer en 1991,
- EIS (Executive Information Systems) de F. Crockett (1992),
- Les matrices SWOT[10] et MIMS[11] d'analyse de la concurrence développés par le Boston Consulting Group,
- L'EEI (Element of Essential Information) en amont du cycle classique de production de l'intelligence avec ses deux éléments clés : « need to know » opposé au « nice to know », etc.

En 1993, le président Clinton oriente le travail vers le renseignement économique, par :

- La création d'un conseil de sécurité économique (National Economic Council, NEC), ayant pour objet d'organiser et d'harmoniser les négociations commerciales.
- La naissance de TPCC (Trade Promotion Coordinating Committee), qui représentant une première réponse à la concurrence internationale.
- La création d'une cellule d'appui chargée de surveiller les grands projets d'exportations mondiaux baptisée (Advocacy Center), pour coordonner les différentes agences gouvernementales constituant le TPCC.
- La mise en place d'une infrastructure informationnelle fédérale puissante.
- La création de l'Information Security Oversight Office ayant pour mission la protection et la gestion des informations confidentielles concernant les domaines de la technologie et de l'économie.

---

[10]Strengh, Weakness, Opportunity, Threat ou FFOM en français (Forces, Faiblesses, Opportunités, Menaces).

[11]Matrix Inventory Management System, le système de gestion matrice d'inventaire.

- La création du National Counter Intelligence Center, chargé du contre-espionnage économique (coopération entre entreprises et administrations américaines).
- La création du Committee on Foreign Investment, pour la régulation d'acquisitions des entreprises américaines par des entreprises étrangères.

Ces différentes politiques menées en faveur de l'IE démontrent la soutenance de cet Etat à ses entreprises, afin de mieux se défendre dans un environnement, de plus en plus, concurrentiel.

1.2. Définitions de l'intelligence économique en France

Définition selon Henri Martre

« L'intelligence économique peut être définie comme l'ensemble des actions coordonnées de recherche, de traitement et de distribution, en vue de son exploitation, de l'information utile aux acteurs économiques. Ces diverses actions sont menées légalement avec toutes les garanties de protection nécessaires à la préservation du patrimoine de l'entreprise, dans les meilleures conditions de délais et de coûts. L'information utile est celle dont ont besoin les différents niveaux de décision de l'entreprise ou de la collectivité, pour élaborer et mettre en œuvre de façon cohérente la stratégie et les tactiques nécessaires à l'atteinte des objectifs définis par l'entreprise dans le but d'améliorer sa position dans son environnement concurrentiel. Ces actions, au sein de l'entreprise, s'ordonnent autour d'un cycle ininterrompu, générateur d'une vision partagée des objectifs de l'entreprise ».

Définition selon Christian Harbulot

« L'intelligence économique se définit comme la recherche et l'interprétation systématique de l'information accessible à tous, afin de décrypter les intentions des acteurs et de connaître leurs capacités. Elle comprend toutes les opérations de surveillance de l'environnement concurrentiel (protection, veille, influence) et se différencie du renseignement traditionnel par : la nature de son champ d'application, puisque qu'elle concerne le domaine des informations ouvertes, et exige donc le respect d'une déontologie crédible ; L'identité de ses acteurs, dans la mesure où l'ensemble des personnels et de l'encadrement – et non plus seulement les experts – participent à la construction d'une culture collective de l'information ; ses spécificités culturelles, car chaque économie nationale produit un modèle original d'intelligence économique dont l'impact sur les stratégies commerciales et industrielles varie selon les pays ».

Définition selon Bernard Carayon

« L'intelligence économique est « une politique publique d'identification des secteurs et des technologies stratégiques, d'organisation de la convergence des intérêts entre la sphère publique et la sphère privée », rappelle le député. C'est « une politique publique se définissant par un contenu et par le champ de son application. Le contenu vise la sécurité économique. Il doit définir les activités que l'on doit protéger et les moyens que l'on se donne à cet effet. Il détermine comment accompagner les entreprises sur les marchés mondiaux, comment peser sur les organisations internationales où s'élaborent aujourd'hui les règles juridiques et les normes professionnelles qui s'imposent aux Etats, aux entreprises et aux citoyens ».

1.3. L'intelligence économique au Maroc :

L'intelligence économique à fait son apparition au Maroc dans les années 90, après une prise de conscience de l'importance de l'IE comme une démarche de maîtrise de l'information stratégique. Pour pouvoir sensibiliser les différents acteurs (privés et publics) aux enjeux liés à la mise en place d'une structure de veille et d'adopter une démarche d'IE, plusieurs initiatives ont été menées, en s'appuyant bien sûr; sur les universités qui jouent un rôle moteur et opérationnel. Ces dernières ont organisé plusieurs rencontres pour montrer l'importance de l'IE non seulement en tant que pratique qui permet d'anticiper les opportunités d'affaires mais aussi en tant que démarche qui empêche des pertes et réduit les risques et les menaces provenant de l'environnement.

Ainsi, la mise en place d'un dispositif d'IE au Maroc, s'est caractérisée par la création des organismes tels que :

- L'Institut Marocain d'Informations Scientifiques et Techniques (IMIST) qui alerte sur les opportunités scientifiques et technologiques nationales et internationales, publie un bulletin de veille destiné aux acteurs économiques et offre un service de veille personnalisée sur demande des entreprises privées et des établissements publics;
- Le Centre National pour la Recherche Scientifique et Technique (CNRST) qui a pour mission de mettre en œuvre

des programmes de recherche, diffuser l'information scientifique et technique, publier les travaux de recherche et assurer une veille technologique.

- Le Centre marocain de promotion des exportations (CMPE) qui oriente et assiste les exportateurs et leur fournit l'information commerciale utile pour leurs démarches de prospection à l'étranger.
- La création, en 2002, de Centres régionaux d'investissement (CRI) et de l'Agence nationale pour la promotion des PME (ANPME), qui développe des programmes de soutien à la mise à niveau des PME et en particulier des systèmes de veille.
- La création du Centre de veille stratégique (CVS) en 2006, intégré à la direction des investissements extérieurs, pour fournir des informations pertinentes au gouvernement en vue d'améliorer la compétitivité des exportations marocaines et l'attractivité du Maroc.
- En 2006, certains acteurs appartenant au secteur privé, à l'administration et au monde de la recherche ont créé l'association marocaine d'intelligence économique (AMIE), en tant que cercle de réflexion et un levier d'impulsion à la disposition de toutes les organisations (entreprises, administrations et associations professionnelles…) pour les informer, les accompagner, les guider en la matière, et aussi fédérer leurs efforts.

La volonté de s'engager dans une politique d'IE a été renforcée par la mise en place d'une politique d'intelligence territoriale, en organisant, à l'échelle des territoires et des bassins d'activité, des dynamiques collectives de développement. En effet, dans une optique de compétitivité, caractérisée par une complexité économique, géopolitique et technologique, de telles stratégies permettent aux entreprises marocaines de promouvoir les pratiques de l'IE, ses concepts, ses méthodes et ses outils pour mieux défendre leurs intérêts stratégiques.

2. TIC : Définition et caractéristiques

Nous entrons dans une ère nouvelle de l'information, de la connaissance et du savoir, où le terme Technologies de l'Information et de la Communication (TIC) embrasse une très vaste gamme d'instruments, de dispositifs, de règles, de processus, de protocoles, de compétences et de langages. Ce terme a été utilisé, pour la première fois, au début du XVIIème siècle[12], pour suggérer la convergence entre les arts (ou techne en grec) et la science (logos). Avec le temps, ce terme a été de plus en plus associé aux arts pratiques, pour aboutir, selon Williams, à la distinction contemporaine familière entre la connaissance (science) et son application pratique (technologie) dans un domaine particulier.

Il convient, avant d'entamer les définitions e les caractéristiques des TIC, de rappeler brièvement les notions liées à ce concept tels que : données, information, connaissance.

Paradoxalement, l'importance acquise par ces trois notions, qui se reflète dans le succès des expressions « bases de données », « société de l'information », « économie fondée sur la connaissance », « management des connaissances », n'est pas allée de pair avec une clarification de ces notions. Celles-ci semblent condamnées à receler une importante ambiguïté (AGRE, 1997). Le passage de l'information[13] à la connaissance apparaît comme la résultante de l'évolution des acteurs, des buts et des supports.

- *La donnée* est une représentation d'un ou des symboles de ce qui est survenu ou de ce qui survient au moment même. Elle n'est pas signifiante en soi, elle ne le devient que lorsque quelqu'un en fait une interprétation, lui donne un sens. Elle devient information pour celui qui l'interprète.
- *L'information* est un message d'un niveau de signification plus important, qui nécessite un support, un émetteur et un récepteur. Elle est aussi un objet susceptible de traitements et de manipulations très divers au travers des supports multiples. Il s'agit d'une donnée brute que le sujet transforme ensuite en connaissance par une opération cognitive ou intellectuelle.
- Tandis que, *la connaissance* est l'extension de l'information à laquelle on ajoute de valeur et de croyance car la connaissance repose sur l'intention. A ce titre, elle est un phénomène spécifiquement humain qui concerne la pensée dans ses cadres relationnels actifs et contextuels. Chaque connaissance s'inscrit dans un processus dans lequel d'autres connaissances sont déjà présentes. Elle tire son origine du cerveau des

12 Ce terme a été utilisé pour la première fois, en 1772, par Johann Beckmann (physicien Allemand).

13 Il est à noter que l'information décrit une réalité intermédiaire entre les données et les connaissances.

individus et se construit à partir de l'information qui est transformée et enrichie par l'expérience personnelle.

Par rapport aux données, l'information se caractérise par une mise en forme, dans des formats stabilisés et dans des environnements normalisés, des données. Ces dernières, peuvent permettre la production d'informations de formes différentes. L'information est donc porteuse d'un contenu sémantique plus riche que les données qu'elle intègre et marquée par la subjectivité du producteur de l'information. Par rapport aux connaissances, l'information peut être définie comme une formalisation de celles-ci. Une information est une connaissance mise en forme, c'est-à-dire inscrite dans un support, plus ou moins durable, qui permet la transmission (Callon, 1989).

Les Technologies de l'Information et de la Communication (TIC) sont en train de créer une nouvelle révolution industrielle à l'échelle planétaire. C'est une révolution basée sur l'information qui est elle-même l'expression de la connaissance humaine. Cela a introduit un nouveau concept appelé : « Société de l'Information » caractérisée par : l'utilisation massive et à grande échelle de l'information dans tous les actes de la vie par le biais de ces technologies. Ce qui traduit la signification « sociétale » de ces technologies, autrement dit avec le développement des TIC, on assisterait à des modifications ou des changements de la société elle-même. Ces diverses technologies se caractérisent par leur ambivalence et leur capacité d'hybridation. Il s'agit aussi bien d'objets tangibles ou intangibles, matériels et immatériels, de biens marchands ou non marchands, de produits manufacturés ou (de plus en plus) de services.

Zuboff (1998) a défini les TIC comme un label qui reflète la convergence de plusieurs courants de développement technique, comprenant la micro-électronique, l'informatique, les télécommunications, le génie logiciel et l'analyse des systèmes. Une autre définition, largement répandue dans la littérature, est celle de Andreu, Ricart et Valor (1992) et de Reix (2000), adapté par Kefi qui les définit comme étant : un ensemble de processus formels de saisie, de traitement, de stockage et de communication de l'information, basés sur des outils technologiques, qui fournissent un support aux processus transactionnels et décisionnels, ainsi qu'aux processus de communication actionnés par des acteurs organisationnels, individus ou groupes d'individus, dans une ou dans plusieurs organisations (Kefi, Kalika et Reix, 2004).

Alors, ces Technologies sont constituées par l'ensemble de toutes les techniques et dispositifs mis en place pour transmettre, échanger, stocker et traiter des informations. En gros, c'est un système plus ou moins sophistiqué qui sert à manipuler les informations pour en faire des données faciles à gérer et à communiquer. Les TIC utilisent aussi la microélectronique, la télécommunication, et surtout le monde de l'Internet qui peut être considéré comme un secteur à part entière, avec le commerce en ligne et toutes formes de communications virtuelles. Elles ont créé une véritable révolution dans le monde de la communication. En ce qui concerne les caractéristiques de ces technologies on trouve [14] :

- *La vitesse* : les outils électroniques automatisent les processus de traitement de données avec des performances de vitesse sans aucune commune mesure avec celles d'un opérateur humain. Cela permet d'effectuer des calculs extrêmement lourds dans des intervalles de temps très brefs.
- *La compression du temps et de l'espace* [15]: internet permet de transmettre des messages de manière quasi instantanée entre des ordinateurs distants.
- *La mémorisation* : les progrès continus dans les supports de stockage permettent aujourd'hui à l'utilisateur potentiel d'accéder sans difficultés à une quantité de connaissances stockées pratiquement illimitée.
- *La connectivité* : la présence de plusieurs outils éventuellement compatibles accroît les possibilités d'action de chaque utilisateur qui peut ainsi jouer la complémentarité ou la substitution entre les différentes techniques.
- *La flexibilité d'usage* : les outils électroniques de traitement de données possèdent un large éventail d'utilisations potentielles.

3. TIC au service de la mise en scène d'une démarche de l'IE

3.1. L'usage des TIC pour L'IE

Traditionnellement, les applications des TIC pour la gestion dans les entreprises sont classées selon deux dimensions: le type de structure de l'activité de l'entreprise ou de la décision de l'application et le niveau de

---

[14] Reix R., op. cit., p. 35.

[15] Isaac H., « Technologie de l'information et management : la nouvelle frontière éthique de l'entreprise », p. 17, Disponible sur : http://www.observatoireemanagement.com.

la gestion dans lequel ces activités ou décisions résident. En pratique, l'IE est un processus découlant du cycle du renseignement. Ce cycle est devisé en quatre étapes :

- Direction : dans cette phase, l'entreprise détermine ses besoins d'information stratégiques, et dans quels aspects de l'environnement les données devraient être collectées.
- Collection : l'entreprise dans cette phase, détermine les sources qui peuvent être utilisé pour la collecte des données.
- Analyse : ici les données collectées seront analysées afin de déterminer si elles sont utiles à des fins stratégiques.
- Diffusion : l'information produit dans la phase précédente est transmise aux décideurs et utilisés pour formuler leurs plans stratégiques.

L'usage des outils des TIC en faveur des activités de l'IE, vise à soutenir les décisions stratégiques. En outre ces technologies peuvent être utilisées à tous les niveaux hiérarchiques de l'entreprise. Au niveau opérationnel, ces outils aident les représentants des ventes à poser des questions aux clients et à mémoriser les réponses. Au niveau tactique, elles soutiennent la gestion des professionnels de la veille ou encore l'analyse des informations sur l'environnement. Au niveau stratégique, ces technologies représentent un aperçu des tendances et de leurs effets sur la stratégie actuelle ou projetée. Par conséquent, les TIC pour l'IE semblent défier un classement exact en fonction de ces dimensions. Au lieu de cela, les dimensions peuvent être utilisées pour indiquer que l'IE est surtout perçue comme une collection d'outils électroniques :

Les outils de TIC nécessaires, pour la mise en scène d'une démarche de l'IE, devraient aider à la formulation des besoins d'information stratégique, le stockage et la diffusion ce processus. Parmi ces outils :

- Les méthodes spécifiques pour l'identification, le stockage et la diffusion de l'information aux besoins stratégiques ;
- Appuyer le processus d'identification des informations stratégiques sur les besoins tels que les différents types de logiciels etc. ;
- De nombreuses bases de données générales avec accès Intranet peut être utilisé ;
- Pour la diffusion de renseignements, on peut identifier tous les types d'applications qui prennent en charge : la présentation de l'intelligence dans un format adapté et les rapports de transmission dans toute l'organisation.

3.2. L'internet comme un outil pour l'IE

Les pratiques de l'IE s'appuient fortement sur l'utilisation de l'internet qui est parfois considéré comme la source d'information la plus importante pour la veille concurrentielle. Cet outil peut être utilisé de nombreuses façons en faveur de l'intelligence : la recherche d'informations à l'aide de moteurs de recherche, l'obtention de connaissances sur les clients par le biais des sites web interactifs, recevoir les commentaires des clients sur les propres produits et services, le suivi des concurrents et partenaires en visitant leurs sites Web, l'accès aux documents gouvernementaux etc. En général, on peut classer l'usage de l'internet dans la démarche du cycle de l'intelligence comme suit :

- Internet pour la Direction (analyse et diffusion) : l'application internet peut améliorer la communication et la collaboration entre les différents niveaux de l'entreprise.
- L'utilisation d'Internet pour les activités de collecte : il est principalement utilisé à des fins de collecte des données électroniques disponibles le web. Il est perçu aussi comme un moyen pour faire référence à d'autres sources. Cependant, en raison du nombre très important de sites, trouver les bonnes informations n'est pas facile vu la quantité quasi illimitée de données.
- Internet comme outils de surveiller les changements sur le Web : un autre ensemble utile des outils de collecte des données pertinentes sur l'Internet sont des outils qui aident à suivre l'évolution de certaines parties. Parmi les outils de surveillance on trouve par exemple, les services d'alerte, avertit chaque fois qu'un changement à un sujet donné dans une partie pertinente de l'Internet se produit.
- Internet comme outil de suivi du comportement : une utilisation particulière de l'Internet à des fins d'analyse a également reçu peu d'attention dans les pratiques d'IE, est la surveillance du comportement (électroniquement) des utilisateurs de l'Internet. Bien sûr, le logiciel est disponible pour garder la trace de plusieurs statistiques de visiteurs vers des sites Web, mais des outils pour mieux analyser ce comportement à des fins de l'IE semblent être moins disponibles.
- Internet comme outils de collaboration des activités de recherche : le réseau de renseignement joue un rôle important

dans les activités de collecte. Les applications Internet peuvent être utilisées pour faciliter la gestion et la collaboration dans ces réseaux. Ces applications permettent de suivre les opérations de collecte.

Les TIC se sont imposées alors, dans le processus de l'IE : les bases de données interrogeables à distance sont devenues les bases de données en ligne ; les réseaux locaux d'ordinateur sont maintenant appelés intranet ou groupe de travail et les logiciels d'interrogation, les micro-ordinateurs ainsi que certains moyens de transmission de l'information. Le tableau suivant que les TIC peuvent être associées aux différentes étapes de l'IE :

Tableau 1 : Les applications des TIC au processus d'IE

Etapes principales du processus de l'IE	*TIC*
Orientation	Ordinateurs individuel, agents intelligeant
Collecte	Ordinateurs individuels, internet, agents intelligeant, documents électroniques
Exploitation	Serveurs, logiciels de traitement de l'information, documents électroniques
Diffusion	Ordinateurs individuels, intranets, e-mail, réseaux internes, documents électroniques

Source : Pinczon du Sel, P., et autres.

c. Comment sélectionner les TIC pour l'IE

Pour sélectionner et utiliser des outils des TIC afin de soutenir le processus de l'IE, les entreprises doivent définir et évaluer le rôle de ces technologies dans la mise en scène de la démarche de l'IE. Cela correspond plus ou moins aux critères utilisés dans la sélection des applications des TIC en général selon l'approche informations économiques.

- Critères à l'égard de la contribution à une ou plusieurs étapes du processus de l'intelligence : ces technologies devraient contribuer à une ou plusieurs étapes du cycle d'IE. Pour juger la contribution des TIC à une application particulière, à un certain stade, (ou à plusieurs étapes), on peut se référer à sa pertinence pour livrer les produits désirés, et pour savoir s'il correspond au processus menant à ces produits. Alors, les composantes des TIC nécessaires pour une démarche d'IE se décomposent en trois sous catégories :

- L'infrastructure technologique (matériel informatique, les logiciels et la technologie des télécommunications) : elle dépend de l'ensemble actuel des outils TIC utilisés pour soutenir les activités de l'IE.
- Les ressources humaines : elle reflète l'ajustement de la demande aux ressources humaines, si elle corresponde aux compétences existantes, et aux connaissances et attitudes de ceux qui mènent des activités de CI.
- L'infrastructure organisationnelle (la structure de l'organisation) : reflète l'ajustement de la demande à la définition actuelle et la répartition des activités de l'IE. Il n'a pas de sens d'installer des outils pour la mise en scène de l'IE, si la direction n'est pas considérée comme un processus de groupe. La même chose vaut pour l'utilisation des TIC dans la structuration des outils de collecte et d'analyse, si l'ensemble du processus d'IE a un caractère très informel.

- Critères relatifs aux coûts : ces critères portent sur les coûts de l'application elle-même, sa mise en œuvre (par exemple, les coûts du projet, formation, etc.) et de son entretien.

Conclusion

L'information représente aujourd'hui le nouveau pétrole et la principale matière première de l'économie, et un instrument de compétition. Son utilisation et sa maitrise sont devenus faciles du fait, de l'émergence des technologies d'information et de communication. D'une autre part, on assiste à une naissance des pratiques qui se proposent de rechercher la bonne information, de vérifier les bonnes sources, de la diffuser afin de créer de la valeur ajoutée au sein des entreprises. Il s'agit de la veille stratégique et/ou de l'intelligence économique. A la lumière de l'évolution générale du contexte concurrentiel, on peut dire que l'entreprises est confrontée à un environnement instable et dynamique tant au niveau de la technologie que le marché. Dans ce cas, elles doivent connaitre les possibilités qu'offrent ces technologies pour fournir des données internes et externes, ainsi que leur capacité à soutenir et réaliser des activités de veille. Elles sont appelées à traiter ces technologies dans le cadre de l'ensemble de l'infrastructure, tout en se méfiant dans le choix et la mise en œuvre des applications des TIC.

BIBLIOGRAPHIE

AGRE, P.E., 1997, Surveillance et saisie : Deux modèles de l'information personnelle, *in CONEIN Bernard*, pp. 243-266.

AGRELL, B. HULDT, 1983, Clio goes spying: Eight essays on the Histroy of Intelligence, Lund Studies in *International History*, Malmö, Scandinavian University Books.

ANDREU, A., RICART, J.E., VALOR, J., 1992, *Information Systems strategic planning: A source of competitive advantage*, NCC Blackwell.

BAUMARD, P., 1992, Guerre économique et communauté d'intelligence, *La Revue Politique et Parlementaire.*

BAUMARD, P., 1991, *Stratégie et surveillance des environnements concurrentiels*, Masson, Paris.

CALLON, M., 1989, *La science et ses réseaux : genèse et circulation des faits scientifiques,* La Découverte.

ISAAC, H., *Technologie de l'information et management : la nouvelle frontière éthique de l'entreprise*, p. 17, Disponible sur http://www.observatoireemanagement.com

JAKOBIAK, F., 2009, *L'intelligence économique : Techniques et outils*, Editions d'Organisation, 2ème édition, Groupe Eyrolles, France.

JUILLET, A., 2008, *Le bulletin d'information sur l'IE stratégique pour les PME-PMI*, I.E.S N°5, NOV-DEC.

KEFI, H., KALIKA, M., REIX R., 2004, *Evaluation des SI : une perspective organisationnelle*, Economica, p. 34.

MARTRE, H., LEVET, J.L., CLERC, P., 1994, *Intelligence économique et stratégie des entreprises*, Editions La documentation française.

MATOUK, J., MONINO, J-L., 2005, Le marché de Paris à la mémoire courte, *Revue d'Economie Financière*, n°81.

MONINO, J-L, 2005, *Intelligence économique*, Colloque les matins de la cité, CCI de Montpellier.

MONINO, J-L, BOUSSAMA, F., 2005, *Modélisation des cotes de popularités des hommes politiques*, Colloque de l'IR2I Paris-Pékin, Management et communication, pour une économie de la connaissance, Paris INHES.

MONINO, J-L., 2011, *Intelligence économique et numérique*, Conférence Université Hassan II, Mohammedia.

MONINO, J-L, 2012, *Un modèle hiérarchique pour l'Intelligence économique*, Colloque Intelligence économique compétitivité et attractivité des territoires, Université Ibn TOFAIL et Université Montpellier Sud de France.

PINCZON DU SEL, P., DUMAS, P., BOUTIN, E., 2006, *L'utilisation des TIC en intelligence économique : le revers de la médaille,* disponible sur

http://archivesic.ccsd.cnrs.fr/docs/00/07/79/78/PDF/articlePPDSdijon_060530.pdf
REIX, R., 2000, *Système d'information et management des organisations*, 3ème édition, Vuibert, Paris, p. 19.
THEVENOT, L., Conein B., 1997, (eds.), *Cognition et information en société*, Ed. de l'EHESS, Paris, p. 251.
UNESCO, *Conseil de l'Europe* (Textes à l'appui), p5.

Résumés/Abstracts

Les enjeux de la sécurité de l'information dans le monde économique

Dominique DEVILLE DE PERIERE

J'ai choisi d'axer mon propos sur une réflexion autour de ce que l'on peut appeler : les enjeux de sécurité de l'information dans le monde économique. C'est ce que les étudiants abordent au cours de leurs études sous le vocable « d'intelligence économique ». Ce concept, assez récent, aborde l'exploitation d'informations utiles destinées aux acteurs économiques et présente une fonction stratégique pour les entreprises; sa finalité c'est la compétitivité et la sécurité de l'économie de votre pays.
Mot clés : Intelligence économique, sécurité de l'information, internet, réseaux sociaux.

I have chosen to focus my remarks on a reflection on what might be called: the challenges of information security in the business world. This is what Students learn about in their studies under the term "business intelligence." This concept is fairly new, discusses the exploitation of useful information for economic actors and has a strategic function for businesses; its purpose is competitiveness and security of the economy of your country.
Key words: Competitive intelligence, information security, internet, social networks.
Classification JEL : L86M15, D83, D80, O33

L'information au cœur de l'intelligence économique stratégique

Jean-Louis MONINO

L'information est au cœur de l'Intelligence économique et sa gestion stratégique est devenue l'un des moteurs essentiels de la performance globale des entreprises. En effet, le processus de mondialisation des marchés contraint les agents économiques à s'adapter aux nouveaux équilibres qui s'établissent entre concurrence et coopération. Désormais, la conduite des stratégies industrielles repose largement sur la capacité

des entreprises à accéder aux informations stratégiques pour mieux anticiper les marchés à venir et les stratégies des concurrents.
Mot clés : Intelligence économique, l'information, l'innovation, connaissances.

Information is the heart of Competitive Intelligence and strategic management has emerged as a key driver of overall business performance. Indeed, the process of globalization of markets is forcing economic agents to adapt to new equilibrium established between competition and cooperation. Now, the conduct of industrial strategies depends largely on the ability of enterprises to access strategic information in order to anticipate future markets and competitors' strategies.
Key words: Competitive intelligence, information, innovation, knowledge.
Classification JEL : D83, C80, C 81, D81, O31

Qui dit intelligence économique dit partage d'information

Ghizlane SALAM

Le processus d'Intelligence Économique, avec ces différentes étapes, est conditionné par une fluidité de la circulation des flux d'informations, une culture de travail en groupe, de partage d'informations et d'échange de connaissances. Alors, l'entreprise ne pourrait réussir dans sa démarche d'IE, sans développer un état d'esprit collaboratif basé sur le travail en équipe et la création collective des richesses. Pour cela, cet article vise à mettre en lumière la problématique du partage d'informations dans le cadre du processus d'IE.
Mots clés : Intelligence Économique, information, connaissance, décision, partage, échange.

Successful process of competitive intelligence, which involves several steps related to the cycle of information management, is conditioned by a traffic flow of information flows, itself conditioned by a culture of teamwork, of information sharing and knowledge exchange. This article aims to highlight the issue of sharing information through the competitive intelligence process. We consider that the company could succeed in its efforts to economic intelligence, without developing a mindset based on collaborative teamwork and collective creation of wealth.

Key words: Competitive intelligence, information, knowledge, decision, sharing, exchange.
Classification JEL : C80, L14, J53, D83, D81

Territoire comme espace d'attractivité et de déclinaison de l'intelligence économique en intelligence territoriale

Mohamed TORRA

Au-delà des sciences de l'information et de la communication, l'intelligence territoriale s'enrichit de multiples apports transdisciplinaires. Son enjeu est de rationaliser les rapports entre différents acteurs pour partager et échanger des connaissances et savoirs puis assurer leur gestion et protection. Quant aux défis à relever, ils résultent de la diversité des acteurs et de la complexité de leurs relations. L'objectif de notre étude est de développer, une meilleure compréhension, en vue de concevoir et de mettre en place un dispositif de l'IT. Pour savoir s'il est raisonnable d'assigner à ce concept cette capacité de réponse aux besoins des acteurs en termes de connaissances pour la compréhension de leur territoire et la valorisation de ses ressources matérielles et informationnelles.
Mots-clés : L'intelligence économique, territoire, l'intelligence territoriale, attractivité des territoires, systèmes d'information et de communication.

Beyond information science and communication, territorial intelligence enriches multiple disciplinary contributions. Its challenge is to rationalize the relationship between different actors to share and exchange knowledge and information and their management and protection. As for challenges, they result from the diversity of actors and the complexity of their relationships. The objective of our study is to develop a better understanding in order to design and implement a system of territorial intelligence. Whether, it is reasonable to assign to this concept responsiveness to stakeholder needs in terms of knowledge to the understanding of their territory and the development of its material resources and information.
Key words: Competitive Intelligence, Territory, territorial intelligence, attractiveness of the territories, information and communications systems.
Classification JEL : R58, R11, O18, M15

Technologies de réseaux et espaces locaux : vers une nouvelle intelligence économique au service des territoires-les leçons de quelques expériences récentes en France-

Lahcen ABDELMALKI

L'efficacité croissante des moyens de communication et du traitement de l'information facilite l'internationalisation des firmes et contribue à une remise en cause certaine de l'identité et de l'origine des produits. Cette contribution entend montrer que les relations entre industrie et géographie est de plusieurs natures : pas seulement « Top down », des décisions de la firme imposées à la sphère sociétale, mais aussi de type « Bottum up ». Les firmes se délocalisent et se relocalisent pour mettre en valeur leurs actifs, mais à ce jeu les territoires ne sont pas inactifs. Une nouvelle intelligence économique au service des territoires est en passe de naître du perfectionnement et de la diversification des usages des nouvelles technologies de l'information et de la communication appliquées aux politiques de développement local.

Mots clés : économie des réseaux, espace local, intelligence économique, proximité technologique, technologies de l'Information, territoire.

The increasing efficiency of communication and information processing facilitates the internationalization of firms and contributes to some questioning of identity and origin. This contribution aims to show that the relationship between industry and geography is of several kinds: not just "top-down", decisions of the firm imposed on the social sphere, but also "bottum up". Firms relocalize and delocalize to valorize their assets, but in this game, territories are not idle. A new competitive intelligence, serving territories, emerges of the development and the diversification of the uses of new technologies of information and communication applied to local development policies.

Keywords: network economy, local economy, competitive intelligence, technological proximity, information technologies, territory.
Classification JEL : L86, O33, M21, R11, R58

Intelligence économique et compétitivité de l'entreprise marocaine : quelle interaction ?

Zahra MANSOURI

Dans un contexte de plus en plus concurrentiel , seules les entreprises qui ont adopté une stratégie de création et de gestion des différents flux

d'informations seront capables d'anticiper les changements des comportements des acteurs économiques, de prévoir l'évolution des marchés, d'identifier l'innovation technologique et de prendre les bonnes décisions afin d'améliorer leur compétitivité. Considérée comme une démarche de maîtrise de l'information stratégique utile au développement des entreprises, l'intelligence économique (IE), nouveau mode de management, est devenue, un levier indispensable de la performance économique des entreprises au Maroc.
Mots clés : Intelligence économique, compétitivité de l'entreprise marocaine, l'interaction.

In a context of increasingly growing concurrence, only companies that have adopted a strategy of creating and managing the various flows of information will be able to anticipate changes in the behavior of economic actors anticipate market trends, identify technological innovation and make the right decisions to improve their competitiveness. Considered as process control strategic information to business development, competitive intelligence has become an essential lever for the economic performance of companies in Morocco.
Key words: Economic intelligence, competitiveness of the Moroccan company, established interaction.
Classification JEL : M15, L21, D83, D81

La décision d'investissement en intelligence économique : évaluation et pratique dans les grandes entreprises marocaines

Mounia SLIMAN
Ahmed EL ABBASSI

Réserver des dépenses d'investissement en intelligence économique (IE) constitue une des étapes les plus déterminantes pour acquérir une position aux côtés des leaders dans le marché actuel. Pour rester compétitive, les grandes entreprises marocaines doivent réaliser des investissements stratégiques considérables en faveur de la fonction IE. Cela nécessite le développement des outils permettant de faire face à la nouvelle conjoncture imposée par l'économie de marché. Le présent article s'inscrit dans une démarche exploratoire, et propose un modèle conceptuel pour approfondir la compréhension du processus d'évaluation des investissements en IE. Pour ce faire nous allons examiner les avantages tirés et analyser les différentes composantes de ce processus, afin d'évaluer ses pratiques au sein d'une entreprise marocaine.

Mots clés : Intelligence économique, évaluation, décision d'investissement.

Reserve capital expenditure in competitive intelligence is one of the most decisive steps to acquire a positional on side leaders in the current market. To stay competitive, Moroccan companies must realize significant strategic investments for the intelligence function. This requires the development of tools to cope with the new conditions imposed by the market economy. This article is an exploratory approach and proposes a conceptual model to deepen the understanding of the evaluation process of investments in CI. To achieve this we will examine the benefits and analyze the various components of this process, in order to evaluate its practice in a Moroccan company.
Key words: Competitive intelligence, evaluation, decision of investment.
Classification JEL : M21, D83, L31, D80

Engagement international et pratiques de veille stratégique : cas des PME exportatrices

Soulaimane LAGHZAOUI
Marie-Christine MONNOYER-LONGE

Cet article propose un model conceptuel des pratiques de veille stratégique (VS) des PME exportatrices et leur relation avec le niveau d'engagement à l'international. Les résultats montrent que la sensibilité à l'information des dirigeants, influencée par le niveau d'engagement international de leur entreprise, joue un rôle central dans l'organisation de leurs pratiques de veille stratégique. Notre étude porte sur les PME exportatrices québécoises et a utilisé la méthode PLS (Partial Least Squares, méthode des moindres carrés partiels) pour la vérification de nos hypothèses de recherche.

Mots clés : Veille stratégique, PME exportatrices, engagement international, PLS.

This paper proposes a conceptual model of Business Intelligence practical of exporters SME and the relationship with their international commitment level. The results show that managers' sensitivity, influenced by the level of international commitment, plays a central role in the organization of their intelligence practices. Our study focuses on Quebec SME exporters and used the PLS method to check the validity of the assumptions of research.

Key words: Competitive intelligence, exporting SMEs, international commitment, PLS
Classification JEL : D83, L32, L26, C12

Les TIC outil indispensable pour une démarche d'intelligence économique

Soraya SEDKAOUI
Jean Louis MONINO

Face à une forte évolution tant sur le plan technologique qu'économique, les entreprises doivent être à l'écoute de leur environnement. Ce dernier a donné naissance à ce qu'on appelle société de 'information, dans laquelle la gestion et la rapidité de l'information sont devenues déterminantes en matière de compétitivité. Dans ce nouvel ordre de l'information les technologies de l'information et de la communication (TIC) représentent une source d'information de plus en importante pour l'entreprise, vu leur place dans la maitrise des changements contemporains. Notre article se focaliser sur le rôle des TIC dans une démarche d'intelligence économique (IE), en tant que source permettant d'accéder à l'information, de la collecter et de la maitriser pour se positionner dans une perspective de performance.
Mots clés : TIC, intelligence économique, internet, entreprise.

Faced with a rapidly evolving both technological and economic, enterprises must be in tune with their environment. This gave birth to what is called information society, in which the management and timeliness of information have become determinants of competitiveness. In this new order information and communication technologies (ICT) are a more important source of information for enterprises, given their place in the mastery of contemporary changes. This article focus on the role of ICT in competitive intelligence approach (CI) as a source for accessing to information, collecting and master in order to be positioned in a performance perspective.
Key words: ICT, competitive intelligence, internet, enterprise.
Classification JEL : L86, M15, D83, O33, M21

Économie et Entreprise aux éditions L'Harmattan

Dernières parutions

FRANÇAIS (LE) ÉCONOMIQUE À L'ÈRE DE LA MONDIALISATION
Schulders Guy
Cet ouvrage présente une explication de concepts économiques de base, dont la connaissance et la maîtrise sont indispensables aux entrepreneurs de tous les pays et aux hommes d'affaires modernes, qui développent de plus en plus de synergies et de relations commerciales avec leurs homologues du monde francophone. Il s'agit de permettre à l'espace économique francophone de tenir la place qui lui revient.
(30.00 euros, 328 p.)
ISBN : 978-2-343-00132-6, ISBN EBOOK : 978-2-296-53104-8

UNE ÉCONOMIE DE SERVICES SANS SERVILITÉ
Madinier Philippe - Préface de Jean Gadrey
Le travail indépendant se développe à nouveau en France. Cette évolution est due à la prépondérance des activités et surtout des services consistant à prendre soin des hommes et des choses. Dans ces activités, la concentration économique ne s'impose pas. Cette prépondérance est appelée à se renforcer. Néanmoins, le développement souhaitable des services de soin et celui du travail indépendant qui lui est lié ne sont pas sans poser des problèmes à la politique économique et sociale, notamment des problèmes de fiscalité.
(Coll. L'esprit économique, série Economie et Innovation, 16.50 euros, 158 p.)
ISBN : 978-2-336-29283-0, ISBN EBOOK : 978-2-296-53055-3

FORMATION (LA) PROFESSIONNELLE POUR ADULTES
De l'éducation pour tous à la gestion individuelle de carrières
Saccomanno Benjamin
Ce livre revient sur la longue histoire sociale et juridique de la formation professionnelle en France. Depuis la mise en place d'initiatives corporatistes, ouvrières ou associatives, jusqu'à l'organisation par les pouvoirs publics d'une offre censée répondre aux évolutions des besoins d'une société en pleine mutation industrielle, ce sont les finalités de l'apprentissage et le rapport au savoir et à l'éducation qui s'en trouvent ici questionnés.
(Coll. Pour Comprendre, 21.00 euros, 218 p.)
ISBN : 978-2-343-00376-4, ISBN EBOOK : 978-2-296-53138-3

DIALOGUE (LE). PRIORITÉ DANS LE MÉTIER
Fassier Christian
Pour avoir des hommes sains dans un corps de métier sain, il faut donner une place essentielle au dialogue ; sans cela, la menace de l'aliénation mentale apparaît. S'inspirant de Lev Vygotski et de Mikhaïl Bakhtine, l'auteur démontre que le dialogue est un instrument de transformation des conflits et un outil de médiation indispensable à l'intercompréhension. Mais pour lui, les mots sans les actes ne valent rien...
(19.00 euros, 194 p.)
ISBN : 978-2-343-00101-2, ISBN EBOOK : 978-2-296-52978-6

AVENTURE (L') HUMAINE DANS L'ENTREPRISE – En huit questions
Reyre Gérard
Vivre l'entreprise aujourd'hui n'est pas une mince affaire. Huit questions occupent cet ouvrage sur l'aventure humaine dans l'entreprise. Il s'agit de proposer des formes de médiation, des manières

d'envisager les choses et les actes. Pas d'intrication forcée mais des liens, des façons de penser le quotidien, d'envisager les discordances, de trouver autant que faire se peut des modulations à l'activité humaine dans l'entreprise.
(Coll. Entreprises et Management, 23.00 euros, 232 p.)
ISBN : 978-2-296-99770-7, ISBN EBOOK : 978-2-296-51558-1

ENTREPRENDRE DANS UN MONDE EN MUTATION
Arnol-Stephan Jacques
Depuis 2008, notre modèle de croissance, notre mode de vie sont remis en question. Aurions-nous perdu la foi dans notre capacité à rebondir ? C'est contre ce sentiment d'impuissance que s'inscrit cet essai. Pour rebondir, il faut retrouver le sens de l'aventure collective. Et quelle plus belle aventure collective que l'entreprise ? Revenir à la création saine de richesses pour répondre aux besoins de bientôt neuf milliards d'humains ?
(Coll. Questions contemporaines, 19.00 euros, 194 p.)
ISBN : 978-2-336-29156-7, ISBN EBOOK : 978-2-296-51614-4

MANAGEMENT DES ÉVOLUTIONS ORGANISATIONNELLES ET STRATÉGIQUES
Sous la direction de Pascal Corbel et Philippe Hermel
Cet ouvrage appréhende les principales évolutions du management des entreprises aujourd'hui, les transformations récentes et leurs implications managériales. Il aborde la responsabilité sociale des entreprises, l'ouverture des processus d'innovation et le développement des stratégies d'influence. Il étudie également les cadres dans lesquels s'inscrivent les changements des organisations.
(Coll. Entreprises et Management, 37.00 euros, 364 p.)
ISBN : 978-2-296-99337-2, ISBN EBOOK : 978-2-296-51654-0

RÉGULATION ET MANAGEMENT DES ORGANISATIONS
Rôle de l'entreprise dans les zones périurbaines et territoires émergents
Delaye Richard
Cet ouvrage met le «territoire» au centre du management des organisations et de l'étude de ses modes de fonctionnement, des outils de gestion et de pilotage de sa performance. Il montre qu'il est possible d'analyser les dynamiques structurant le développement des territoires «oubliés», tels que les banlieues, les pays émergents et les pays en voie de développement au-delà des problématiques classiques comme l'insécurité, les jeunes en perte de repères, la ghettoïsation, le développement des réseaux formels et informels, le financement des projets visant une paix sociale incertaine.
(Coll. Gouvernance et société, 29.00 euros, 300 p.)
ISBN : 978-2-296-99506-2, ISBN EBOOK : 978-2-296-51553-6

TRAVAIL, MOBILISATION ET RÉSISTANCE – Normes et règles en jeu
Faulkner Marcel
Le travail, activité où la coopération s'impose du fait d'objectifs à atteindre, est une collaboration d'acteurs se réalisant à travers un ensemble de contradictions et de conflits de plus en plus nombreux. Les normes et règles déterminant le travail et son organisation sont contestées par d'autres qui affirment l'autonomie des métiers, l'initiative des salariés et l'amour du travail bien fait. Les enjeux sont ceux du rendement et du contrôle du travail, et, d'autre part, de la dignité des salariés.
(Coll. Logiques sociales, 35.00 euros, 344 p.)
ISBN : 978-2-343-00090-9, ISBN EBOOK : 978-2-296-51651-9

COCOTTE-MINUTE (LA) FINANCIÈRE
Petit précis de décomposition socio-économique
Duhamel Florence, Dunoyer de Segonzac Alain
Après la Seconde Guerre mondiale, les accords de Bretton Woods ont posé un cadre économique mondial ayant généré plus de quatre décennies de croissance et de stabilité. Au début des années 1990, la mécanique a commencé à se gripper pour aboutir en juillet 2008 à la faillite de la

banque Lehman-Brothers bientôt suivie du chaos financier et économique mondial. Comment est-on passé de l'ordre consensuel porté par Bretton Woods au désordre insensé qui prévaut aujourd'hui ?
(Coll. L'esprit économique, série L'économie formelle, 14.00 euros, 134 p.)
ISBN : 978-2-336-00591-1, ISBN EBOOK : 978-2-296-51324-2

GOUVERNANCE ET FILIALE DE GROUPE
Recommandations pour une meilleure gouvernance en entreprises moyennes, PME & PMI
Sous la direction de Daniel Corfmat, Marc Chambault, Georges Nurdin
Les entreprises marquent un intérêt incontestable pour une organisation structurée en groupe et filiales. Cet ouvrage apporte quelques réflexions sur la relation particulière existant entre ces deux entités au plan de la gouvernance. Il regroupe une série de recommandations qui tendent à fluidifier la relation entre la filiale et le groupe, tout en respectant chacune des entités dans leurs responsabilités, devoirs et obligations.
(Coll. Gouvernance et entreprise, 10.50 euros, 74 p.)
ISBN : 978-2-336-00246-0, ISBN EBOOK : 978-2-296-51283-2

SCANDALE (LE) COMMERCE ÉQUITABLE
Le marketing de la pauvreté au service des riches
Sylla Ndongo Samba
Alors qu'il est censé rétablir un regain de justice dans les relations commerciales Nord-Sud, l'auteur montre que le commerce équitable contribue à reproduire les mécanismes du système international. En somme, si le commerce équitable parle au nom des pauvres, il bénéficie en réalité aux pays riches. Le marketing de la pauvreté au service des riches, serait-ce là l'aboutissement de cette énième entreprise de rédemption du système capitaliste ?
(Coll. Harmattan Sénégal, 25.00 euros, 226 p.)
ISBN : 978-2-296-99542-0, ISBN EBOOK : 978-2-296-51434-8

TRAGÉDIE (LA) DE L'EURO
Bagus Philipp – Traduit de l'anglais par Olivier Imbach
A l'origine de la création de l'euro, les intentions étaient de nature politique. Grâce à la monnaie unique, la France allait se débarrasser du Deutsche Mark et s'affranchir de la tyrannie de la Banque centrale allemande (La Bundesbank). Mais le système mis en place se révèle autodestructeur, parce que plusieurs gouvernements peuvent utiliser une seule banque centrale pour financer leur déficit, sans véritable contrôle. Quelles sont aujourd'hui les voies possibles pour les membres de la zone euro ?
(Coll. L'esprit économique, série Le Monde en Questions, 21.00 euros, 200 p.)
ISBN : 978-2-336-00598-0, ISBN EBOOK : 978-2-296-51400-3

INTERFACE (L') VIE DE TRAVAIL - VIE PRIVÉE
Questions en chantier
Sous la direction de Caroline Closon et Marcel Lourel
Préface de Guy Karnas
Les disciplines qui traitent de l'homme au travail voient le plus souvent l'homme ou la femme comme un travailleur ou une travailleuse, un producteur ou une productrice, un opérateur ou une opératrice, négligeant ainsi l'interaction de ce type de statuts avec les autres activités de cet homme ou de cette femme en dehors de la vie professionnelle. Le plus souvent, l'entreprise tend à négliger les aspects de vie hors travail.
(Coll. Psychologie du travail, 19.00 euros, 186 p.)
ISBN : 978-2-336-00652-9, ISBN EBOOK : 978-2-296-51402-7

MERCERON SCOP-SA
Gerll Gabrielle, Lardot Romain
Licenciés suite à la cessation d'activité de leur entreprise, 27 ouvriers décident de racheter leur outil de travail pour reprendre à leur compte l'activité de carrosserie industrielle. L'entreprise devient une Société Coopérative de Production (SCOP) dont ils sont les propriétaires à parts

égales... Deux ans plus tard, ils déposent le bilan. Au travers de cette histoire, le film propose de s'interroger sur les difficultés d'une expérience coopérativiste dans le contexte économique actuel.
(20.00 euros)
ISBN : 978-2-336-00772-4

ENJEUX ET LUTTES DANS LE CHAMP ÉCONOMIQUE (1980-2010)
de Montlibert Christian
Ce livre analyse tout d'abord la structure du champ économique et décrit les stratégies des firmes dans un monde soumis aux injonctions pressantes des financiers. Il étudie ensuite trois types de décision : les mesures de licenciement qui défont les collectifs ; le développement de l'équipement informatique comme manière d'imposer un contrôle social plus strict ; l'investissement dans les publicités célébrant les mérites de la marque et de la firme.
(Coll. Questions sociologiques, 31.00 euros, 306 p.)
ISBN : 978-2-336-00161-6, ISBN EBOOK : 978-2-296-50829-3

ENSEIGNANT (L') : RÉALITÉS ÉCONOMIQUES ET ENJEUX PROFESSIONNELS
Plassard Jean-Michel, Larré Françoise
Dans quelle mesure et de quelle façon l'analyse économique rend-elle compte de l'activité de l'enseignant ? De la théorie du capital humain à la théorie des incitations en passant par la *New Economics of Personnel* et les nouveaux modèles de régulation scolaire, voici une analyse qui interroge la capacité de l'analyse économique à rendre compte des questions organisationnelles, longtemps ignorées par l'économie de l'éducation.
(Coll. L'esprit économique, 25.00 euros, 240 p.)
ISBN : 978-2-336-00565-2, ISBN EBOOK : 978-2-296-50888-0

ORGANISATION (L') DES CRIMES EN COL BLANC – «Une gestion meurtrière»
Fines Louise
Averties que leurs activités causent du tort à autrui et à l'environnement, que font les organisations ? Pourquoi ignorent-elles les signaux avertisseurs et les appels des «sonneurs de cloche» ? A partir de quand le délai pris pour réagir devient-il un crime ? Sur la base de quelles logiques organisationnelles et structurelles les entreprises «fautives» en viennent-elles à décider de ne rien faire ? Quelles sont les dynamiques à l'oeuvre ?
(24.00 euros, 238 p.)
ISBN : 978-2-336-00300-9, ISBN EBOOK : 978-2-296-50826-2

SCIENCE (LA) ÉCONOMIQUE
De l'Économie politique à l'Analyse économique
Diouf Makhtar
Ce livre décrit l'évolution depuis la naissance de la science économique avec le tronc commun constitué par «l'Économie politique classique» jusqu'à sa fracture en deux branches : le courant marxiste et le courant néoclassique largement prédominant dans l'enseignement universitaire. L'économie du développement figure aussi en bonne place dans ses différentes et principales présentations théoriques.
(40.00 euros, 424 p.)
ISBN : 978-2-296-99530-7, ISBN EBOOK : 978-2-296-50972-6

L'HARMATTAN, ITALIA
Via Degli Artisti 15; 10124 Torino

L'HARMATTAN HONGRIE
Könyvesbolt ; Kossuth L. u. 14-16
1053 Budapest

ESPACE L'HARMATTAN KINSHASA
Faculté des Sciences sociales,
politiques et administratives
BP243, KIN XI
Université de Kinshasa

L'HARMATTAN CONGO
67, av. E. P. Lumumba
Bât. – Congo Pharmacie (Bib. Nat.)
BP2874 Brazzaville
harmattan.congo@yahoo.fr

L'HARMATTAN GUINÉE
Almamya Rue KA 028, en face du restaurant Le Cèdre
OKB agency BP 3470 Conakry
(00224) 60 20 85 08
harmattanguinee@yahoo.fr

L'HARMATTAN CAMEROUN
BP 11486
Face à la SNI, immeuble Don Bosco
Yaoundé
(00237) 99 76 61 66
harmattancam@yahoo.fr

L'HARMATTAN CÔTE D'IVOIRE
Résidence Karl / cité des arts
Abidjan-Cocody 03 BP 1588 Abidjan 03
(00225) 05 77 87 31
etien_nda@yahoo.fr

L'HARMATTAN MAURITANIE
Espace El Kettab du livre francophone
N° 472 avenue du Palais des Congrès
BP 316 Nouakchott
(00222) 63 25 980

L'HARMATTAN SÉNÉGAL
« Villa Rose », rue de Diourbel X G, Point E
BP 45034 Dakar FANN
(00221) 33 825 98 58 / 77 242 25 08
senharmattan@gmail.com

L'HARMATTAN TOGO
1771, Bd du 13 janvier
BP 414 Lomé
Tél : 00 228 2201792
gerry@taama.net

633389 - Décembre 2015
Achevé d'imprimer par

1livre.com
du rêve à la réalité !

www.ingramcontent.com/pod-product-compliance
Lightning Source LLC
LaVergne TN
LVHW010937061026
849535LV00007B/2438